JN065891

教師の見取りの解像度を上げる

子ども

から

学ぶ

監修 石井英真

編著 宍戸寛昌
長瀬拓也

著 谷口陽一
江越喜代竹
江藤真代
岡本美穂
近藤佳織
友田真
松井恵子
松森靖行
安野雄一
山本純人
若松俊介

東洋館出版社

まえがき

　教師を育ててくれる人は、だれでしょうか。

　研修講師やテキストの作者、先輩からの助言もあるでしょう。

　その中で、学校現場に入ると、「子どもから学ぶ」という言葉をよく聞きます。

　教師が自分を振り返るきっかけとなるのは、なんと言っても子どもたちとの出会いです。授業の中での子どもの一言に心を動かされたり、成功や失敗も含め、実際の授業や生活での関わりの中で新しい気づきに出会ったりと、子どもたちだけではなく、教師自身も成長していきます。子どもたちの学びが「主体的・対話的」になるためには、私たちは、子どもたちから学ぶ必要があると言えるでしょう。

　しかし、私たち教師は、「子どもから学ぶ」ということを意識して毎日の実践を進めているのでしょうか。経験年数が上がっていくうちに、自分の考えや経験、思想によって子どもたちを枠にはめていることはないのでしょうか。そして、そもそも「子どもから学ぶ」とはどのようなことなのでしょうか。そうしたことから、「子どもから学ぶ」ということを真正面に捉えて考えてみたのが本書です。

　本書を通して、若い先生をはじめ、多くの方が子どもたちから学ぶ意義を感じ、さらによりよい実践につながっていくことを願っています。

編著者を代表して　　長瀬拓也・宍戸寛昌

2023 年 3 月

CONTENTS

第3章
学級づくり編

第4章

解説編

第1章

理論編

なぜ子どもから学ぶのか

(1)　失敗やしくじりが子どもたちと向き合うきっかけになる

　大学を卒業してまもなく初任者として横浜市の小学校に赴任しました。期待と不安が入り混じった中で始まった2年生の担任としてのスタートは、初日からの子どもたちの喧嘩や私語によって見事に出鼻を挫かれてしまいました。

　「子どもたちを叱ってはいけない」

　「叱らない方法を考えて、子どもたちが主体的に学ぶように」

　大学で学んだそうした考え方を一旦諦め、とにかく手当たり次第叱り、静かにさせるということを始めました。改善したところもありましたが、大きな変化は少なく、そのまま夏休みを迎えてしまいました。

　そんなとき、副校長先生の、

　「あなたの理想が子どもの頭の上を走っているよ」

という一言が私にとって大きな気づきになりました。

　子どもたちの問題行動しか見ることができておらず、子どもたちのよさや課題を見ることができていませんでした。もっと言えば、「静かにして先生の話を聞く」授業のイメージの中に子

どもたちを当てはめようとしていたのではないかと考えました。

秋田（1996）は、教職の仕事と他の職業の熟達化過程、つまり、授業や学級経営といった教師としての仕事が向上していく過程のちがいを2つ挙げています。

1つは、他の多くの職業は、仕事についてから初めて知識をつけていくのに対して、教職に就く前に、教育を受ける学生の立場から、約1万3000時間に及ぶ教師の仕事を観察することによって、授業のあり方に対する知識をすでに得ていること。

もう1つは、レイブとウェンガー（Lave&wenger,1991）の研究のように多くの職業における徒弟制では、先輩や同僚の仕事を観察し、相互作用する中で、学んでいき、少しずつさまざまな責任のある仕事を任されていくのに対して、教職の場合は、新任者でも全責任が任され、他者の仕事を見ることは少なく、自らが受けてきた授業や自分が教室で得た経験という特定の文脈で結びついた私的な色彩が強いということ。

この2つを自分自身の経験に当てはめていくと、私がもっていた「授業のイメージ」「子どもたちのイメージ」で臨んだ中で、目の前の子どもたちとはそのイメージが共有できず、かけ離れたものになっていたと言えるでしょう。

こうした授業や生徒指導上のイメージの乖離が、副校長先生の「理想が子どもの頭の上を走っているよ」の言葉に表されていたと言えます。

そうした出来事をきっかけに、目の前の子どもたち、もっと言えば、目の前の子どもたちの中のAさんやBさんを想定して授業を考えるということが少しずつできるようになってきました。

「この発問ならAさんはどういうのだろう」

「この活動であれば、子どもたちは集中するのかな」

というように、常に子どもたちの実態に即しながら考えることができたのは、初任の頃の子どもたちとの出会いがあったからに他なりません。

(2)　子どもたちから学ぶ姿勢が新しい実践を生み出す

　教員になって数年経った頃ことです。担任として受けもったYさんに出会いました。クラス全体としては、自分の授業のイメージと子どもたちのイメージも重ね合わせることができつつある頃でした。教師として、少し自信がつき、もっとできるようになりたいと思っていた中で、最初の頃は、Yさんにはなかなか指示が入らず、どのようなアプローチがあるか模索していた時期でした。

　Yさんがより落ち着いて、仲間との関わり方も高まり、授業に参加できるにはどうすればよいか。そこで出会ったのが、山本・池田（2007）の応用行動分析（Applied Behavior Analysis：ABA）による支援のアプローチでした。「『子どもが学ぶ』視点で考えてみよう」という呼びかけから始まる一冊の本から、「指示を出すときのポイントは、『指示を聞いて（見て）(A)、それに対応して行動して（B）、たのしかった、うまくいった、褒められた、わかりやすく教えてもらった、わかった（C）』というABCを繰り返し経験させることにつきます」という指導のあり方に出会いました。

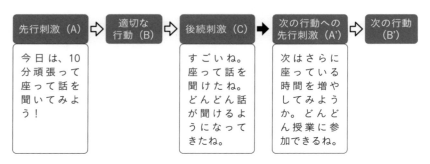

　先行刺激として、「～するといいよ」と伝え、それができて適切な行動になり（B）、そのことによって、意欲や自己評価、自尊心が高まっていく方法をYさんの状況を考えながら続けていきました。むしろYさんに

も今の状況を伝え、一緒に乗り越えていった感覚があります。その後、課題をもつ子どもたちとは、この応用行動分析による支援のアプローチを常に考えるようになりました。そんなＹさんからあるとき、ＳＮＳでメッセージが届きました。

「大学を卒業して春から社会人になります。自分の学生生活の中で大きな存在だった先生に報告したく、（友達の）申請させていただきました」

「大きな存在だった」と聞いて、胸が熱くなりました。そう言ってもらえて驚いたのと同時にとても光栄でした。その頃の私は、なんとかＹさんがクラスの中で排除されず、温かな環境の中で学ぶことができ、何とか自律して学ぶことができるようにしたい一心でした。

しかし、実は私にとってもＹさんは「大きな存在だった」と気づきました。Ｙさんとの出会いがなければ、今の私はいないと思います。もっと言えば、Ｙさんとの出会いがなければ、その後の子どもたちと私の関わりも良好とは言えなかったかもしれません。

応用行動分析がとてもよいと言われても、Ｙさんとの出会いやＹさんと過ごした日々がなければ、その考えは、読んだだけ、知っただけで終わっていたことでしょう。そうした出会いや子どもたちから学ぼうとする姿勢が、新しい実践を生み出すきっかけにつながると思います。

(3) 上手くいっているときほど、子どもたちを見てほしい

教育の世界には、様々な教育的思想や教育方法があります。日々の教育実践の中で、そうした考え方（思想）や仕方（教育方法）に出会います。私の場合は、畑村孝太郎の「失敗学」や応用行動分析学は、教育実践を通じて深く知るようになりました。

しかし、気をつけなくてはいけないことがあります。それは、子どもたちのためにそうした考え方や方法を用いるのですが、逆に、子どもたちを自分が大切にしている考え方や方法に合わせようとすることです。

　当然のことながら、すべての子どもにその方法や考えが当てはまることはできません。常に目の前の子どもたちの状況を考えながら、考えや仕方は変化させていく必要があります。しかし、自分のもつ考えや仕方に固執するあまり、その枠に子どもたちをはめてしまうことがあります。そうしたことを続けていくと、経験年数を重ねても、指導に柔軟性がなく、子どもと共に歩むというスタンスが薄くなってきて、上手くいかなくなることが多く出てきます。

　だからこそ、目の前の子どもたちをよく見て、学び、彼らにとって一番よい方法や考えを常に探しながら自己更新をしていくことが必要です。初任者や若い先生にはまだ実感がないかもしれません。ただ、実践がうまくいっているときほど、子どもたちが見えなくなっていくことがあります。そのことを自戒しておく必要があります。長く子どもから学ぶことを大切にした実践をしてきた長岡文雄（1983）は次のように述べています。

　今日の教育は、「〈この子〉から、〈この子〉のために」構想されているだろうか。現実は、あまりにも、平均画一的である。〈この子〉を出発としないで、教師の都合や教材を出発としている。この体質を改めないで、「一人ひとりを大切に」と叫んでいるのは矛盾も甚だしい。まさに滑稽である。

　真の教育は、〈この子〉の生き方を人間として太らせることである。「落ちこぼれ」や「非行問題」を克服する最大の要件は、教師が、〈この子〉を指さす教育を徹底することである。「家庭が悪いから」「社会が悪いから」と、責任を転換するまえに、教師は、自分の実践に鋭いメスを入れてみる必要がある。「〈この子〉から出発しているか」と。〈この子〉の内面にはいり込み、〈この子〉の可能性を信じ、その芽をはぐくみ、太らせつづけさせなければならない。〈この子〉の生きる筋、生きる核を、息長くつくらせていかねばならない。

長岡の言葉のように、子どもと共に歩んでいくつもりで学んでいきま
しょう。

参考文献

秋田喜代美（1996）『教える経験に伴う授業イメージの変容』教育心理研究 44 巻 2 号
　　pp. 176–186
レイブ・ウェンガー（1993）『状況に埋め込まれた学習：正統的周辺参加』産業図書
山本淳一　池田聡子（2007）『できる！をのばす　行動と学習の支援　応用行動分析に
　　よるポジティブ思考の特別支援教育』日本標準
長岡文雄（1983）『〈この子〉の拓く学習法』黎明書房

子どもから学ぶ教員を めざす

(1) 言動を思い出せるか、現状を自覚する

　子どもから学ぶ教員であるためには、まず「子どもの言動をどの子についても思い出せる」ようになり、実状を的確に把握することが必要です。しかし、このことは簡単ではありません。試しに、担任なら学級の、教科担任なら担当している学級の「全員について、その日の言動を思い出す」ことに挑戦してみてください[注1]。一人ひとりを大切にしたいと願っているのなら全員について思い出せるはずなのですが、実際にはかなり難しいことを実感していただけると思います。思い出せるのは数人なのか、10人なのか…。何人について思い出せるでしょうか。

　残念なことに、思い出せなかった子については、その日に大切にできたとは言いかねます。ほとんどの子を思い出せたとしても、何人かの思い出せなかった子については、大切にできなかったと言わざるを得ません。

　もっとも、思い出せないことに落ち込む必要はありません。教員として経験を積み力量を高めてきた人であっても、思い出す訓練をしてこなければ、できるようにはなっていないはずです。ちなみに筆者の場合は、30代になり中学校社会科教員として授業づくりが面白くなってきたころに初めて挑戦したとき、わずか数人という残念な結果でした。

(2) 言動を思い出すことが難しい理由

　言動を思い出すことが難しいのは、私たち人間の認知の仕組みが原因です。私たちは「何かに注目すると他のことには注目しにくくなる特性」をもっています。例えば、個別指導をしているときや、指導・支援が必要な子の言動に注目しているときは、そのほかの子の言動に注目することは困難です。誰かに注目しているときは、その注目を意図して切り替えない限り、他の子に注目することが難しいのです。

　また、私たちは人の行為について「一度評価すると同じ評価をしやすくなる特性」ももっています。例えば、授業中にすぐ立ち歩く子について、いつも授業を乱す子だと評価すると、その子が席を立つとすぐ注意したり叱ったりしがちです。もしかすると、近くの子が落とした消しゴムを拾ってあげようとしたのかもしれないのですが、その可能性には気づきにくくなります。一方、いつも黙っている子について、おとなしい子だと評価すると、その子のイタズラや意地悪に気づきにくくなります。このような、吟味が不十分でも評価をしてしまう特性を自覚し、意図して吟味し直さない限り、不十分な評価から自由になることが難しいのです。

　これらの特性は、身の回りに生じる複雑な現実を単純化して捉え、評価を定めることによって、膨大な量の情報処理をし続けなくても生活できるようにするためのものであり、生きていくために大切な能力です。しかし、この特性が備わっているために、特に意識しなければ、気になる子だけに注目し続けたり、あの子はこういう子だと決めつけて他の側面がないかのように捉え続けたりしてしまうのです。

　私たちには、誠実に教育実践に取り組んでいるつもりでも、注目しない子がいたり、こういう子だと思い込んだりしたまま、何ヶ月も過ごしてしまいかねない特性があります。子どもから学び実践の質を高めていく教員であるためには、これらの特性に対応していく必要があります。

(3) 言動を思い出すことに取り組む

「全員について、その日の言動を思い出す」ことが難しいのは、「全員」「その日」という条件があるからです。私たちには上記の特性があるため完璧を求めると苦しくなってしまうでしょうが、この難しさを乗り越えるべき目標だと捉え、少しずつ取り組んでいくことにしましょう。

お勧めしたいのは、以下のように考え実践することです。

【全員について、5日間のどこかで思い出す】

例えば、月曜日に6人思い出すことができたとします。翌日の火曜日には、思い出せなかった子のうち数人について思い出せることをめざします。そして水曜日には、月曜日も火曜日も思い出せなかった子のうち数人について思い出せることをめざします。これを繰り返し、金曜日までに全員について思い出せるようにするのです。40人の学級なら1日平均8人、30人の学級なら1日平均6人について思い出せたら、5日間ですべての子について思い出せる計算になります。忙しい日々が続く中であっても、その気になれば注目し思い出すことができそうな人数です。

【名簿に、思い出せた日付をメモする】

思い出すことに慣れないうちは、記憶に残る特定の子への「注目する回数の偏り」があります。その子たちへの意識の偏りを意図して外し、他の子にも注目する手立てとして、名簿を使うことをお勧めします。思い出せた日付を月曜日からメモするだけで、簡単に自分の状況を自覚することができます。例えば図4のように名簿を使うと、何日か続けることで横方向の棒グラフとして見ることができます。

図4は、木曜日までの4日間について名簿に記録した例です。いつも注目している子や、いつも思い出せない子が一目瞭然です。No. 2の子は毎日、No.1・No.6

No.	氏名	言動を思い出せた日付			
1	△△△△	7/8	10	11	
2	◇◇◇◇	7/8	9	10	11
3	□□□□				
4	○○○○	7/11			
5	◎◎◎◎	7/9	11		
6	▽▽▽▽	7/8	9	10	

※木曜まで記録済み。金曜の記録で区切る。

図4 思い出せた日付を記録した名簿の例

の子は 3 日思い出せています。No. 3 の子は 1 日も思い出せていません。もし金曜日（7/12）に No. 3 の子を思い出せたら、全員について思い出せたことになります。余裕があれば、思い出せた回数の少ない No. 4 や No. 5 の子にも注目しようと作戦を立てることもできます。

　なお、記録は金曜日までの 5 日間で区切りをつけ、翌週も月曜日から始めることをお勧めします。短期間で区切りをつけることによって、気持ちを切り替えて作戦を立て直すことができるからです。取り組みへの意欲を保ちながら、自身の注目の偏りを改善し続けることが大切です。

⑷　言動を思い出すことに慣れていく

　「全員について、5 日間のどこかで思い出す」取り組みを始めると、「注目する回数の偏り」を簡単には外せない自分に直面します。そこで、全員について思い出すことに慣れる方法を紹介します。

【思い出しやすい子を中心に、小集団の中の関係に注目する】

　多くの学級では生活や学習の基本単位となる小集団（以下「班」）をつくっていると思います。そこで、目立つ子を中心としてその班の構成員を捉えると、注目していない子に気づきやすくなります。特に座席を班毎にしている場合は、場所と結びつけるとどの子にも注目しやすいので、思い出しにくい子の存在を意識しやすくなります。また、この方法には、班の中の人間関係に気づきやすくなるという利点もあります。

【自分から名前を呼んで話しかける】

　観察をするのではなく、自分から名前を呼んで話しかけると、その子の言動を思い出しやすくなります。「おはよう」よりも「○○さん、おはよう」と声をかけた方が記憶に残る上に、何よりも一人ひとりに向き合い関わりをもつことができます。その子の存在を認める声かけですので、子どもは先生に存在を認められていると感じ、関係がよくなります。

　ちなみに、筆者が関わってきた初任者で小学校学級担任の人は、例外なく 1 ～ 2 ヶ月のうちに、5 日間で全員を思い出せるようになっています。その後も取り組み続けると、次第に思い出すことに慣れ、全員のその日の言動をおおむね思い出せるようになります。中学校勤務の場合は、難易度

が高くなりますから10日間から始めてもよいでしょう。取り組めば誰でも着実に、どの子についても思い出せるようになっていきます。

(5) 言動を思い出すことに熟達していく

「全員について、その日の言動を思い出す」ことに慣れてきた小学校学級担任に、全員を思い出せるかを聞きました。数分かけて思い出した後、「全員思い出せます。でもほとんどが、昼休みに外で遊んだときと、掃除のときのことです」と、場面が限られていることに驚いていました。

取り組みに慣れてきたら自分が思い出せる場面を確認すると、「注目する場面の偏り」を自覚することができます。私たちがもつ「何かに注目すると他のことには注目しにくくなる特性」は、「注目する回数の偏り」だけではなく、「注目する場面の偏り」も生じやすくするのです。

また、思い出せる内容を一人ひとりについて吟味すると、ある子については注意したくなる場面に偏っていたり、他の子については頑張りを認めたくなる場面に偏っていたりするかもしれません。私たちの「一度評価すると同じ評価をしやすくなる特性」は、「注目する場面の偏り」と共に「子どもの見方の偏り」を生じやすくするのです。

「注目する回数の偏り」「注目する場面の偏り」「子どもの見方の偏り」を和らげるには、これらの偏りが生じやすいことを自戒した上で、どの子についてもできるだけ異なる場面での姿に注目し、多面的に言動を思い出すことに取り組むとよいでしょう。

思い出すことに慣れる方法をまとめると、以下の3つになります。
①どの子についても注目しているかを、名簿などで確認する
②どの子についても、既知の場面とは異なる場面での言動に注目する
③どの子についても、望ましい言動・気になる言動の両方に注目する

これらの取り組みにより、回数、場面、見方の偏りを和らげていくと、その子と他の人との関係にも気づきやすくなります。特に、気になる言動や望ましい言動が生じたときの、その子と周りの人の言動の関係に注目すると、人間関係や集団の状況についても実状の把握が進みます。

なお、言動を丁寧に把握できても、それだけでは子どもの実状を十分に

把握できているとは限りません。私たちには、「言動についての解釈の偏り」もあるからです。解釈の偏りを小さくするには、複数の方法を組み合わせることが大切です。例えば、友達からのよいところ見つけ、他の職員が見つけた事実、本人や家族との面談、調査やアンケートの結果、心理検査の結果などは、自分の解釈と異なる側面に気づける貴重な情報です。

　こうした取り組みによって、子どもの言動をどの子についても多面的に思い出せるようになっていくと、そのつど実状を把握して子どもから学ぶことが日常となっていきます。

注
注1　小規模校に勤め担任する人数が少ない場合は、一つ上や下の学年も、あるいは全校も対象にしてみましょう。担任をもたず全校に関わる仕事をしておられる場合は、全校の子どもや全職員を対象にしてみましょう。

引用参考文献
谷口陽一（2015）「『こども理解』を深めるシンプルな方法〜全員のその日の言動を思い出す」長瀬拓也編『THE こども理解』明治図書出版
山本眞理子・原奈津子（2006）『他者を知る―対人認知の心理学―』サイエンス社

子どもから学び実践の質を高める

(1) 子どもから学んで実践の質を高める

　教員は、採用された4月から一人で何時間も子どもたちに関わらなければならない職業です。初任者のときや経験が浅いうちは、関わることは楽しくても指導・支援[注1]をすることには慣れないため、明日の授業をどうしようか、起きた問題にどう対処しようかと、戸惑うことが多い毎日です。子どもから学ぶことは、そんな混乱の中でも進むべき道を見つける指針となります。

　そればかりか、子どもから学ぶことは、教員としての生活に慣れてきた人にとっても、経験の中で当たり前だと思い込んでいる見方・考え方や方法を吟味する指針となります。見方・考え方や方法を身につけると様々な出来事に素早く対応できるようになっていきますが、それが当たり前だと思い込むと実践する中で感じるはずの小さな違和感に気づきにくくなり、より魅力的な見方・考え方や方法を見つけることが難しくなってしまいます。時には、独りよがりな指導・支援になってしまい、目の前の子どもにつらい思いさせていることに気づけないことさえあります。

　身につけてきた見方・考え方や方法で実施する教育実践が、本当に一人ひとりのためになっているのかを吟味して実践の質を高めるには、目の前にいる子どもから学ぶのが一番確かです。

⑵ 大切にされてきた子どもから学ぶこと

子どもから学ぶことは「指導と評価の一体化」として大切にされてきています。例えば谷口・長谷川（2022）は小高（1978）と吉崎（1988）を参照し、学習指導を実施するときに必要な4つの要素「指導目標、教材内容、実状評価、教授方法」を抽出して

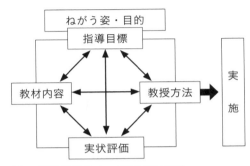

図1 学習指導の4つの要素の関係
出典：谷口・長谷川（2022）より作成

います。授業は指導目標の達成をめざして行うことを踏まえつつ、授業案の主な項目に対応するこれらについて、「単純に≪指導目標≫を中心として他の3つの要素があるのではなく、4つの要素が互いに関連している（p.122）」としています（図1）。この捉え方は、実状評価によって子どもの事実から学びながら学習指導が実施されることを示しています。

実状評価とは、一回限りの評価ではなく、実践に活用できるように子ども、授業者、学習環境の実状を連続的に把握することです[注2]。例えば、子ども一人ひとりと集団の学習状況や言動について、授業前に思い出すこと、授業中に把握すること、授業後に確認することが挙げられます。

なお4つの要素は、学習指導だけではなく生徒指導など他の指導・支援においても、目標を具体的に設定した意図的な活動であれば「指導・支援の目標」「指導・支援の内容」「指導・支援される側とする側の個や集団の実状、その他の環境[注3]の実状」「指導・支援の方法」として位置づけられるでしょう。これらを「目標、内容、実状[注4]、方法」と書き表すと、その関係を図2のように示すことができます。

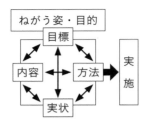

[4つの要素が互いに関連している]
目標：指導・支援される人についてめざす具体的な姿
内容：身につけてほしいことや環境についての一般的理解
実状：指導・支援する側、される側、環境についての把握
方法：指導・支援の具体的な展開と環境の構成

図2　指導・支援の4つの要素の関係　　　出典：谷口・長谷川（2022）より作成

⑶　実状を把握してこそ子どもから学ぶことができる

　対人援助職での熟達した指導・支援においては、実施前に、内容を理解して実状の把握をもとに目標の設定を行い、具体的な方法を構成します。実施中には、そのときに把握した実状をもとに指導・支援の内容を吟味し、時には目標を設定し直すなどして、その場で修正した方法を実施します。実施後には、実状を把握し直し、次の目標を立て次の実践につなげます。このように指導・支援は、常に実状の把握をもとにして展開します（図3）。

　ただ、実状を的確に把握すれば指導・支援を充実させられるとわかっていても、忙しい日々の中で一人ひとりの実状を把握することは簡単ではありません。かと言って、実状を把握できないままでは、子どもから学んで実践を充実させることは困難だと言わざるを得ません。子どもから学んで指導・支援の実践の質を高められる教員になるためには、実状を把握することに熟達していくことが必要です。

　例えば谷口・長谷川（2022）が示した初任者教員は、4月当初は図3中段に示した内容と方法から授業を実施するとの意識が高く、上段の目標や下段の実状への意識が低い状態でした。実施前に、扱う内容とそれをわかりやすく説明する方法を吟味し、授業中は、説明の言葉、板書、提示する順番を計画した通りに実施していました。このときには、授業中に子どもの実状を把握して対応しようという意識、すなわち子どもから学んでその場で方法を改善しようという意識はなかったと言えるでしょう。

　この初任者教員は、その後、4つの要素「目標、内容、実状、方法」か

ら授業を振り返り検討する経験を重ねる中で、目標とする子どもの姿や、子どもの言動に注目することを意識できるようになっていきました。そうした取り組みを続けたことで次第に、4つの要素「目標、内容、実状、方法」の関連を、把握した実状をもとに考えるようになります。

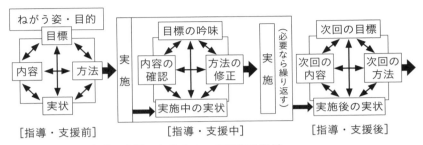

図3　熟達した指導・支援における4つの要素の関係

出典：谷口・長谷川（2022）より作成

(4) 実状に対応する方法を身につけ、指導・支援の質を高める

　子どもの実状を把握することに慣れていくと、それまで実施してきた指導・支援の方法では対応しきれないことにも気づいてきます。前述した初任者教員も、授業中の子どもの実状を把握できるようになるのと並行して、どう対応したらよいかわからないもどかしさを話すようになります。

　そして、子どもの実状を把握できても対応できないことが自身の実状であり、方法を身につけることが課題だとの自覚を高めます。この課題の克服のために、小集団学習を授業に取り入れることに取り組み、その方法をどのように活用するのかを試行錯誤しながら身につけていきました。

　その後、11月には、子どもの取り組みが想定以上にできすぎている実状を授業中に把握し、その場で内容を確認し、吟味し直した目標に合わせ、当初は予定していなかった小集団学習を適切に指示しています。これは、事前の実状把握が的確ではなかったことが発端ですが、そうしたことは誰でも日常的に経験することです。むしろ、授業中に子どもの実状を把握できたことによって、その場で指導・支援の内容、目標、方法を検討して、計画していなかった方法を実施したことに注目すべきでしょう。この

ときの初任者教員は、明らかに授業中に子どもから学んでいます。実状を把握することや小集団学習の活用に慣れてきたからこそ、子どもから学び対応できたのだと考えられます。

　実状を把握できるようになると、実状を踏まえて「何をめざすのか」「どのように対応したらよいのか」などの問いが生じます。実状の把握に熟達することは、目標の妥当性を吟味したり方法を工夫したりすることにつながり、子どもから学んで指導・支援の質を高める動きを加速します。

(5)　子どもから学ぶときに行っていること

　私たちは、どのようにして子どもから学んでいるのでしょうか。子どもから学ぶとは、子どもと接することをきっかけとして自身の認識を変容させることです。認識が変容していく流れは、おおむね「それまで当たり前だと思っていたことについて子どもの言動から気づきを得て、それまでとは異なる対応を模索する中で、実施した成果を認めることができたときに新しい常識を創り出す」という順に展開すると考えられます。

　最初は、日常のふとした瞬間の出来事や新しい取り組みによって生じた出来事について、自身の常識では理解できなかったり、説明が困難だったりする言動に気づくことから始まります。

　次に、その子の発想を推測したり気持ちに共感しようとしたりしながら、その言動に含まれる意味をさぐって対応を模索します。それまでの常識では理解も説明も難しい言動に注目しているのですから、どのように対応したらよいのかについて幾つかの仮説を立て実施している状態です。

　そして、仮説にもとづいた幾つかの方法を試した結果、子どもの言動からこれまで以上に実践の成果が上がったと認められたとき、それまでもっていた自身の常識とのちがいを考察することによって、既存の見方・考え方や方法を超えた新しい常識を創り出していきます。

　自身の常識は、その子の事実と異なる思い込みかもしれません。理解や説明が困難な言動にこそ、まだ気づいていない意味があるはずです。子どもから学ぶことは、そうした当たり前だと思っていた見方・考え方や方法を吟味し認識を変容させることであり、子どもの実状を丁寧に把握するこ

とから始まります。子どもから学び実践の質を高めていく教員であるためには、まずは子ども一人ひとりの言動について、思い込みや印象に頼らず様々な場面で具体的に把握し、思い出せるようになることが欠かせないのです。

注

注1　本稿では支援の視点を欠かさないよう「指導・支援」としますが、一般に「指導案」などの「指導」という語句は「支援」を含んでいます。

注2　子どもの実状（既習事項の定着度、心身の調子など）だけではなく、授業者の実状（知識・技能、心身の調子など）、学習環境の状況（室温、騒音、使用可能な教材やICTなど）についての評価も含みます。

注3　本稿では、『保育所保育指針（平成29年告示)』（2017）を参照し、「環境」を「人的環境・物的環境・自然の事象・社会の事象」の4側面からとらえています。

注4　評価という語句を用いていないのは、特定の場を設定して把握することに限らず、連続的に把握する行為であることを強調するためです。

引用参考文献

国立教育政策研究所教育課程研究センター（2020）「『指導と評価の一体化』のための学習評価に関する参考資料」

小高俊夫（1978）「算数・数学科の指導方法序論」，片桐重男・古藤怜・小高俊夫編『新しい算数・数学指導法の創造 基本類型と実践例』学習研究社

谷口陽一・長谷川哲也（2022）「学習指導をめぐる初任者教員と初任者指導拠点校指導教員の変容 ―質的研究手法による相互作用の解釈と分析―」『岐阜大学カリキュラム開発研究』Vol.38,No.1,pp.111-123，岐阜大学教育学部附属学習協創開発研究センター

吉崎静夫（1988）「授業研究と教師教育（1）：教師の知識研究を媒介として」『教育方法学研究』13巻,pp.11-17.

研究者の意識をもち、子どもから学ぶ

⑴ 子どもから学ぶ立場の、研究者としての側面

　子どもから学ぶことを大切にする立場は、子どもの実状や変容を自分の実践結果として位置づけるだけにはとどまりません。想定していた指導・支援の結果とは異なる出来事に積極的に注目し、どのように理解し対処していくのかに関して、自身の常識を検討し続けます。その場で生じている子どもの変容に加え、指導・支援している自身の変容にも注目し、子どもとの相互作用を大切にする立場です。この立場は、設定した枠組みに沿って教育実践を解釈することに加えて、「設定した枠組みからはみ出す子どもの言動を丁寧に把握することを発端とし、その出来事にも対応できるように枠組みそのものを改善しようとする方向性」を強くもっています。

　こうした方向性をもって取り組む実践者は、子どもとの相互作用と自身の指導・支援も研究対象とする、研究者としての側面をもつと言えます。

⑵ 指導・支援の実践研究の分類

　指導・支援の実践研究は、研究者である筆者が実践者を兼ねるかどうかで、大きく３つに分類できます（表１）。

　⑴は、研究者が実践に直接関与せず、実践者（教員など）の指導・支援の変容、実践対象者（子どもなど）の言動の変容、両者の相互作用の変容に注目する研究です。研究者は、実践者や実践対象者とは独立した存在で

す。例えば、大学に勤める研究者が小中学校を訪れ、学級担任、子ども、両者の相互作用に注目して行う実践研究は、ここに位置づきます。

(2)は、研究者が実践者を兼ね、自身の実践による対象者の変容を実践の結果と捉える研究です。実践中の自身の変容は想定せず、実践対象者の言動の変容から、実践の効果に注目します。実践結果をもとに次の実践を構築して進める場合は広義の相互作用とも言えますが、関心は相互作用ではなく実践とその結果に向いています。例えば、教員が研究者の立場で、自身の実践と結果について行う実践研究は、ここに位置づきます。

(3)は、研究者が実践者を兼ね、実践者である自身の指導・支援の変容、実践対象者の言動の変容、両者の相互作用の変容に注目する研究です。例えば、教員が研究者の立場で、自身も研究対象として、自身や子どもの変容と両者の相互作用に注目する実践研究は、ここに位置づきます。

子どもから学ぶことを大切にする教育実践は、実践者自身の変容に注目し相互作用を大切にするので、(3)に位置づく研究の側面をもっています。

表1　指導・支援の実践研究の分類

分類	着目点（ 筆者の立場 と 研究対象 ）	筆者の立場	研究対象（例）
(1)	研究者（筆者）が、他者の実践について行う実践研究など 研究者 → 指導・支援 ←相互作用→ 実践対象者の言動	研究者であり、指導・支援の実践に関与しない。	・指導・支援の変容 ・実践対象者の言動の変容 ・相互作用の変容
(2)	研究者（筆者）が、自身の実践について行う実践研究など 研究者・指導・支援の実践者 → 実践と結果 ← 実践対象者の言動	研究者であり、指導・支援の実践者を兼ねる。	・実践対象者の言動の変容 ・指導・支援の実践と結果
(3)	研究者（筆者）が、自身の実践おける自身と実践対象者の相互作用に着目して行う実践研究など 研究者・指導・支援の実践者 → 筆者の指導・支援 ←相互作用→ 実践対象者の言動	研究者であり、指導・支援の実践者を兼ねる。	・筆者の指導・支援の変容 ・実践対象者の言動の変容 ・相互作用の変容

出典：谷口・長谷川（2022,p.115）

⑶ 子どもから学ぶ実践者

　子どもから学ぶ実践者には研究者の視点があり、自身の実践が子どもとの相互作用によって展開していくと捉え、それらを分析し検討しています。自身の見方・考え方や方法が、目の前にいる子ども一人ひとりや集団にとって最善なのかを客観的に吟味しようとします。

　実践における違和感やつまずきの原因は、子ども側に求めることも、実践者側に求めることもできます。ここで原因を子ども側に求めることは、その子の学力、性格、特性、家庭環境、文化などを参照して原因を解釈することであり、子どもの実状からの推測にほかなりません。このように子どもについて理解を進めていくことは大切ですが、ここにとどまると、違和感やつまずきはあるものだと現状を追認して納得したり、子どもに責任があると捉えたりしやすくなります。

　子どもから学ぶ実践者には、研究者としての視点があるため、自身も研究対象として子どもとの相互作用に注目します。子どもの実状からの推測を踏まえて、さらに何かできることがあるはずだと、子ども以外の要素にも原因を求めます。例えば、目標や内容が難しすぎなかったか、指導・支援の方法は有効だったかなどについて実状を把握し直し、自身の見方・考え方や方法の改善を試みます。このとき、実状の把握は、指導・支援の4つの要素「目標、内容、実状、方法」の関係に留意しながら多面的に行います。その上で、指導・支援がより充実することをめざして、4つの要素それぞれを関係づけながら変更を加え、実施していきます。

　このような実践を続けていくと、子どもの言動についての違和感やつまずきの意味について子どもに寄り添ってとらえることが多くなり、結果として子どもへの対応が優しくなります。また、それぞれの場面で全員の言動に注目しようとすると、特定の子に対応するときに同時に他の子にどのように対応すればよいのかについての関心が高くなり、指導・支援の質が変容していきます。教育実践の質を高めるには、子どもから学ぶことが欠かせません。

（4）子どもから学ぶ実践による、実践者と子どもの変容

　ここまで見てきたように、子どもから学ぶ実践者であるためには、まず、一人ひとりの言動を思い出せることをめざします。実状を把握し多面的に捉えることに慣れてくると、自身の常識を吟味する機会が増えていきます。そして、見方・考え方や方法を子どもの実状に適したものへと再構成することが当たり前になっていきます。そこには、より充実した指導・支援を行う実践者の姿と、いっそう生き生きと活動する子どもの姿があります。

　本書に掲載している教育実践では、実践者の見方・考え方や方法の変容、子どもの変容などをおおむね4つに分けて描いています。

　　・子どもから学ぶ前の指導…実践者の当初の見方・考え方や方法
　　・子どもから学んだエピソード…自身の常識とのズレへの気づき
　　・子どもと出会って変わったこと…実状の解釈と対応の工夫
　　・その後の指導の変化…見方・考え方や方法の変容と、子どもの変容

　本書の実践をまねてみることはもちろんですが、実践者の認識の変容をたどるように読んでいただくと、自分の中にある子どもから学ぼうとする側面を活性化することができます。毎日の実践における子どもとの相互作用の中で、自分もすでに「子どもから学び成長していく実践者として進んできている」という自覚が、これまで以上に高まることを願っています。

引用参考文献
谷口陽一・長谷川哲也（2022）「学習指導をめぐる初任者教員と初任者指導拠点校指導教員の変容 ―質的研究法による相互作用の解釈と分析―」『岐阜大学カリキュラム開発研究』Vol.38,No.1,pp.111-123, 岐阜大学教育学部附属学習協創開発研究センター

第2章

学習指導編

「基礎学力」を身につける
過程が「学級づくり」の土台

　自分の経験が根拠となって、基礎学力を身につけさせるために一番大事なことは、教師が「やらせきること」だと考え実践していました。計算や漢字が苦手な子どもは、練習量・やる気が足りないからだと「子どものせい」にしてしまっていました。だから宿題でも「計算ドリル」「漢字ドリル」の課題を毎日出して、その丸つけを教師が丁寧に行うことで、子どもの「基礎学力」は確実に身につくと信じていました。そしてそれが「習熟」だと考え実践していました。

　また、授業で行う百マス計算などの取り組みについても、子どもたちの日々の結果を気にするだけで、子どもの取り組んでいる「表情」「心」を見ること、知ることができませんでした。それよりも、自分の記録が出ずにすねている子どもを見ると、「なんでそんなにすねるの？」と叱ってしまっていました。勉強は一人で「コツコツ」するからこそ意味がある、基礎学力の高さ、つまり「結果」ばかりを気にしてしまい、苦手だと思っている子どもに多い、やる気のなさに悩んでいました。

あるとき、いつものように百マス計算に取り組んでいました。そして、ある子どもが解き終わり「1分23秒！」とタイムを知らせたときのことです。その子どもが今まで見たこともない「最高の笑顔」で「やったー！」と言いながらガッツポーズをして、私と喜び合う瞬間がありました。

　そのときの子どもの表情は、自信に満ちた輝いた笑顔でした。喜びを共有しながら、これが子どもの成長の瞬間、そして子どもが学ぶ意味なのだと知りました。この輝きが次への「意欲」につながっているのです。

　しかし、以前を振り返ってみると、ある子どもは、同じように百マス計算をしていても、「あーー、もう無理やー！」と言いながら泣き叫び、机を蹴っていたこともありました。なぜ、同じように百マス計算を行っているにも関わらず、こんなに様子がちがうのでしょうか。

　それは、以前の私が、子どもたちの「できた」という「喜び」の偉大さに気づいてなかったからです。子どもたちは学習ができるようになった喜びを、教師や友達と共有し合いたいのです。教師がわざわざ拍手しましょう、などと言わずとも子どもたちは「友達の成長」が嬉しいのです。それを私は勝手に「勉強はおもしろくないもの」だと決めつけて「やらせきる」ことばかりを気にしてしまっていました。

○ **基礎学力を身につけるためには子どもの努力が必要**
・一人でコツコツ取り組む
・宿題を忘れずに最後までやらせきる
・丸つけを丁寧に行う
　→「やる気のない」「苦手」な子どもに悩む

▼

○ **できないと言って諦めてしまう子ども**
　友達と比べない、と伝えていてもすねてしまう
○ **やったー！とガッツポーズをして喜ぶ子ども**
　自分の成長を素直に受けとめ、楽しく取り組む

▼

○ **基礎学力は自分で鍛える！**
「できた」という経験は子どもの成功体験となり「やる気」に
つながる
○ **基礎学力はみんなで鍛える！**
「できた」とみんなで喜び合う、その時間が子どもにとっての
ご褒美となる

▼

✔ 生まれた問い

　基礎学力を「自分で鍛える」「みんなで鍛える」を実現するにはどうすれ
ばよいのだろうか？

基礎学力（計算や
漢字など）が
「できた」
「わかった」
「つながった」

　まずは、基礎学力を身につける「過程」を重視するようになりました。得意な子どもも、そうでない子どもも同じ教室の中で、同じ課題に取り組むことが基本です。それが「共同」です。同じ教室でちがう課題を与えると、低い課題に取り組む子どもは必ず傷つきます。また、共同の時間となる「基礎学力を身につける過程」では「昨日の自分よりどうか？」ということを意識することも伝えます。

　昨日の自分と比べることで、子どもたちは自分と向き合うこととなり、個々の課題を認識し、伸びを感じ、学級の友達と成長を喜び合うことができるのです。

　このように、基礎学力を身につける際に、友達と「喜び合い」「励まし合う」過程こそが「学級づくり」なのです。

　「できた！」「わかった！」という経験の共有が「学級づくり」には欠かせません。

基礎学力向上のポイント

　基礎学力のつけ方、過程が大切。だからこそ、学級みんなで同じように取り組むことで、子どもたちは「楽しさ」「心地よさ」を感じ、それをもとに互いに励まし合えるようにする。

目の前の子どもにあった「板書」

　板書について何度も学び、試しては「うまくいかない」という経験を積み重ねていました。

・何を学習しているのかわからない。

・何が大事なのかがわかりにくい。

・レイアウトが悪い。

・どれが子どもの意見なのかわからない。

・黒板回りがごちゃごちゃしているのが気になる。

・教師の文字が読みにくい。見えにくい。

・子どもが黒板に意見を書いているが、読みにくい。

・何のために、子どもに板書をさせているのかわからない。

研究授業を行うたびに、板書を見てこのようなことを指摘されていました。また、教えてもらったことなどを追実践したり、板書について書かれた本を読むたびに「自分にはこんなにうまく書けない」という悲しさだけが残っていました。

「先生、その言葉はこっちに書いた方がいいです！！」
　国語の授業中に、ある子どもが手を挙げて伝えてくれました。それまで、板書計画として「子どもと同じノート」を準備し、一時間の授業の流れをそこに書きこんでいました。そして、その板書計画通りに授業を進めようと必死になっていました。
　しかし、その言葉を聞いて、教師だけが満足する「板書」になっていたことに気がつき、それ以来、子どもたちに、
「これ、どこに書こうかな？」
「どこに書いたらいい？」
「何って書いたらいい？」
と聞くようになりました。つまり、板書計画はあくまでも「計画」なので、その通りに進めることをやめたということです。すると、板書計画よりも、子どもの「発言」「表情」など、目の前の子どもに注目しなくては進められないようになっていきました。
　このように考え方を変えて取り組んでいると、
「先生、黒板まだ消さないで…」
と授業が終わった後、子どもがつぶやくことが増えてきました。そこには、振り返りを書きながら、私の板書を一生懸命見ている子どもの姿がありました。たしかに、それまでの指導書やネットなどに載っている「お手本」通りの板書に仕上げることばかり気にしていたものとはちがって、子どもとつくる「板書」は一見見えにくいかもしれません。しかし子どもは、一緒に考えて仕上がったものなので、見えにくいとかごちゃごちゃしているとかは、気にならないということがわかってきました。

○ **美しい板書を書きたい**

・きれいな字

・レイアウトが整った板書

・子どもの意見を書きたい

　→教師本位の板書になっていた

▼

○ **板書を子どもたちと一緒に完成させる**

・子どもたちの意見をもとに構成を変更する板書に

○ **板書を見ながら振り返りを行う子ども**

・一時間のまとめを自ら「見て」考える子どもに

▼

○ **目の前の子どもに合わせた板書へ**

・いきなり達人技にチャレンジしてはだめ

・板書計画はあくまでも「計画」

▼

✔ 生まれた問い

目の前の子どもに合わせて、板書は変化すべきなのではないか？

板書は、
「子ども観」「教材観」「授業観」

　子ども観、教材観、授業観、この３つが板書に反映されていますか？
　板書を見れば、子どもたちの成長が一目でわかるものです。ただ、研究授業に向けて教材研究に励むと、教材をどう教えるか、どう読み取らせるか、など「教材を教える」ことばかりに思考がいってしまうものです。ここで大切なことは「教材でどんな力を子どもたちにつけるのか」ということです。
　そして、実際に授業でみんなをつなぐものが板書です。板書が教師と子どもたち、子どもと子どもをつなぐ役目を果たしているのです。だから、子どもとともに「仕上げていく」板書としました。実践を続けると板書を通して友達からの共感も得ている姿も発見できます。板書によって、学級みんなの心を一点に集中し「一緒に学ぶ」という経験に変わっているのです。それは子どもたちの授業への楽しさを倍増させます。どんな教育実践においても、根底に「教師の願い」が必要です。「どの子どもも伸ばす」「今輝ける子どもにしたい」「キラッキラな子どもの姿を見たい」と願って毎日実践しています。そして私自身はこの願いを板書で実現できる、ということを子どもたちに教えてもらいました。

板書のポイント

　目の前の子どもとともに「仕上げる」板書へ。
　板書計画に縛られずに子どもとつながる板書をめざす。

「発問」は子どもたちの姿で変化していくもの

「それでは、ノートを開いて、主人公の気持ちを考えましょう」

6年生を担任していたときの国語の時間です。いつものように子どもたちに投げかけました。少し時間が経ち、様子を見ていました。何もしない子。何やら悩んでいるような子。キョロキョロしている子。しかし、一生懸命に主人公の気持ちをノートに書いている子は、ごく少数でした。

私はこの様子が当たり前だと思っていました。「もともと、勉強なんて一生懸命にやる子はいないよね」と思っていました。

日が経つにつれ、授業の様子も酷くなっていきました。とにかくやる気がありません。とうとう授業中に立ち歩く子も出てきてしまいました。

それでも私は、「授業をきちんとしないのは、その子のやる気がないからだ」と思っていました。大きな声で怒鳴ったり、無理矢理に考えさせたりするようになりました。しかし、私の子どもたちへの発問の仕方は変わりません。学習内容も難しくなります。子どもたちにとっては私の発問の意図がわからないことが多かったはずです。

理科の授業は専科の先生でした。教師歴20年の大ベテランの先生です。毎時間、理科の後は笑顔で子どもたちが帰ってきます。「理科は実験

が中心だから、楽しいに決まっている」。そう思っていました。

　休み時間に、子どもたちが次のようなことを話していました。

　「理科はおもしろいね。実験も楽しいけれど授業がわかりやすいよね」

　「先生の授業は、何をしたらいいかわからないよね」

　私はびっくりしたと同時に、ショックを受けました。きちんと授業をしていたのに、「わからない」と子どもたちが思っていたからです。

　専科の先生に頼んで授業を参観させていただきました。授業の素晴らしさに圧倒されました。子どもたちが、全員笑顔で一生懸命に授業を受けていました。私の授業のときとは、明らかに雰囲気がちがいました。

　放課後、専科の先生がたくさんのことを教えてくださいました。その中でも「発問と指示を分けて話をしている」「子どもの様子を見て発問を変えている」という話に衝撃を受けました。指導書に載っている発問をそのまま子どもたちに投げかけることが一番よいと思っていた私にとって、わからないことだらけでした。「あらかじめ発問は考えておくけれど、子どもたちの様子によって発問は変えるよ。子どもたちの発言やつぶやきを大切にして授業をつくっていくんだよ」。この言葉がずっと頭の中に残っていました。可能な限り、私の授業も専科の先生に観ていただき、指導をしていただきました。半年を過ぎたあたりから、少しずつ授業中の子どもたちの様子にも変化が出てきました。

子どもと出会う前

○**教科書の指導書に載っている発問をそのまま使用する**
・1つの発問が長く、何をしたらいいのかわからない
・発問が悪いのではなく、子どもたちが悪いと決めつけている
　る
・子どもたちの様子で発問を変えることはない

出会った子どもの姿

○**授業に集中しておらず、立ち歩きも増えた**
・授業が面白くないと言い、学力も下がっていった
○**ベテランの専科の先生の授業では生き生きとしていた**
・授業の内容がわかりやすいと好評であった
・専科の先生の授業では、無駄話や立ち歩きはなかった

姿から考えたこと

○**「発問」と「指示」を分けて教材研究をする**
・「発問」と「指示」はちがうもの。どのような「発問」「指示」をするか子どもたちにはっきりと伝えては？
○**子どもたちの様子を見て「発問」を変えること**
・同じ内容の授業でまったく同じ発問は存在しないのでは？

✔ 生まれた問い

「発問」を「決められたもの」として考え、子どもたちの思考を無視した授業をしていたのではないか？

　まずは、「指示」、考える内容を示す「発問」を分けて教材研究をしました。すると、その授業時間に何をやらせたいか、何を身につけさせたいかが見えてきました。教師が「発問」と「指示」を意識して授業をすると、子どもたちに変化が生まれました。考えるべきこと、するべきことがはっきりわかるので授業に集中する子どもが増えました。

　そして、「発問」に対する子どもたちの「発言」に応じて、教師からの「次の発問」も柔軟に変えていくように心がけました。「それはなぜなの？」「○○さんの考えに似ている人は？」「○○さんの言いたいことを簡単に説明すると？」など、子どもたちの「発言」を受け、どのような「次の発問」をするのか考えながら授業をすることを心がけました。

　これら2つの工夫で、授業中の子どもたちの発言も増え、授業が活気づいてきました。

発問のポイント

　「発問」と「指示」を明確に分けて教材研究をする。子どもたちの「発言」を生かす形で「次の発問」を考えながら授業をすることで、子どもたちの思考は、より活性化する。

「やる気」と「好き」を引き出す「ノート指導」

「ノートにきっちり書きましょう」

　この言葉はよく聞きますが、「きっちり」とはどういうことなのでしょうか。初任の頃は、この「きっちり」という言葉に縛られてしまい、肩に力が入っていました。

　ノート指導ができているかどうかは、教師力の基本だと言われたこともありました。そこで、どのように書かせるのが好ましいのか、ということをイメージもできないまま「きっちり書く」ことを子どもたちに求めました。すると、次はそれを子どもたちに徹底する難しさを感じました。

　具体的にどんな力を身につけていくべきか、という「ねらい」がない中での継続した指導は難しいものです。だんだん雑になっていく子どものノートも見られるようになりました。

　「子どもの学びの証拠」として可視化されてしまう「ノート」。きっちり書くことを追い求めていたにも関わらず、1ページ目が一番丁寧に書かれたノートの状態に焦っていました。

　個人面談会である保護者の方が、
　「うちの子どもはどんなに頑張っても丁寧に書くことができない。それなのに、なんで先生はノートコンクールをするのか？」
　と言われたことがありました。
　つまり、学級通信などを使って「ノートの大切さ」「子どもの頑張り」を伝えているけれど、自分の子どもはどんなに頑張っても他の子どもたちのようにきれいにノートを書くことはできない。ましてやノートコンクー

ルで選ばれることもない、という主張でした。そのときは、そんなこと言われても…と思ってしまいましたが、今ならわかります。頑張りが報われないことを、子どもも保護者の方も不安に思っておられたのだと思います。

　そこから、きっちり書くという曖昧な、教師が満足するだけの指導では「どの子どもも伸ばす」ことはできないうえ、子どもたちに悲しい思いをさせてしまうのだと気がつきました。この出来事が、ノート指導について考え直すきっかけとなりました。

　振り返ると、その頃のノート指導には「見通し」もなく、その場その場で考えた指導をしていたので、子どもたちにとっては、ノートを写すという「作業」で終わってしまっていたのです。

○ **ノートは「きっちり書く」ことにこだわろう**

・きっちり書くとは「丁寧に、美しい文字」で書くことだと
　思って指導していた

○ **具体的にどんな力が「ノート指導」によってつくのか
　を理解していない**

▼

○ **ノートが「写す」作業の道具となっていた**

・傷つく子どもがたくさんいた。1ページ目が一番美しいノー
　トになっている子どもの姿

・きっちり書くことを求めるノート指導は、教師が満足する
　だけ

▼

○ **楽しく取り組む子どもの姿を求めるべき**

・ノートを書くのが楽しいから国語も好き

○ **ノートは「やる気」を引き出す手段になる**

▼

✔ 生まれた問い

「みんなが楽しく取り組むことができるノート指導」とはどのようなもの
なのだろうか？

46

　「ノート」が子どもたちの努力の成果となるように、「みんなができること」を求めることにしました。一人ひとりの子どもの「自信」にもつながるからです。そこで、スモールステップを大事に指導していくようにしました。苦手と思っている子どもにも「成功体験」を味わってもらえるように、いきなりたくさんの量を書かせるのではなく、一つずつの指示を明確にし、一緒に板書の通りに書いていくイメージです。だからこそ、板書はゆっくり子どもの速さに合わせて書いていきます。そうすることで、

　　① 一人ひとりの学力を上げることができる……聞く力
　　② 教師の振り返りになる……子ども理解
　　③ 学級づくり、学年づくりになる……みんなができる
　　④ 子どもの心を動かすことができる……意欲
　　⑤ 好きになる……自信

　というサイクルが見えてきました。みんなが「できる」ことを積み重ねていくことで、「楽しい」「好き」につながっていきました。

ノート指導のポイント

　　ノート指導では、全員の子どもが成功体験をもつことができるので、「やる気」と「好き」を引きだすことができる。

「課題提示」は、子どもたちが学びを紡いでいくためのもの

　自分自身が受けてきた小学校や中学校での教育、また、教育実習で授業づくりの表層しか見てこなかったことからくる無知から、初任の頃の授業では、課題提示を教科書・指導書通りにし、子どもたちから出てくる素朴で的を射た疑問も取り扱う機会は少なく、子どもたちの学ぶ意欲が途切れるような授業を繰り返していました。

　当初は授業の振り返りに「○○のことをもっと調べてみたい」「なぜ□□のようにしているのだろう」といった素敵な疑問を書いてきていた子どもたちも、徐々にそのような疑問を表に出さなくなっていきました。また、子どもたちの学びを見取る方法が、ほぼ振り返りシートに書いてあることに限られていたことも大きな問題でした。その結果、教員が一方的に課題を提示し、子どもたちがその課題をクリアしていく授業へと化していきました。教科書"を"教える授業をし、子どもたちのもつ「学びの必然性」に寄り添わない授業を繰り返したわけですから、当然の結果です。

初任の１年間を"乗り切って"、「どうしたら子どもたちが課題意識をもち続けながら学びを紡いでいくことができるだろう？」というモヤモヤを抱えながら、採用２年目（５年担任）を迎えました。

　ある日、理科の水の流れについて学ぶ単元の学習を進める中で、授業後に６人でせっせと校庭につくった川に水を流し続けている姿を見つけました。子どもたちも私の姿に気づき、走り寄ってきました。

　「川のカーブでは外側が削れることがわかったけれど、その後も水が流れ続けたらどうなるのかな？」「だって川ってそうやん！　ずっと水が流れてるやん！」「次の授業で試してみたい！」（振り返りシートになかなか書かない子も含まれていました）。

　次の理科の学習ではこの子どもたちの姿や語ってくれたことをもとに課題提示し、子どもたちで話し合い、その通りに実験を試みました。子どもたちは水を流し続けました。すると、川がカーブの外側に移動していき、内側には土が堆積していくことがわかりました。社会科の学習ではその地形や自然災害について本やインターネットを使って調べ、「これ、何て読む？　氾濫原？　あの実験のときのカーブの内側の所やんな」「川の下の方は平野か！　前に学習したかも」「これって昔は洪水とか大変やったんちゃうん？　自然災害か」と、指導内容を越えて学びを紡いでいく姿が見られました。

○ **市内の学力テストがあるから、教科書通り"教えよう"**
- 課題提示や発問は教科書・指導書通りにする
- グラフや表などの資料を読み取るだけにとどまる
- 「なぜ」を問う機会が少ない。広がっても深まらない
- 「未来」を"そうぞう"する機会が少ない

▼

○ 振り返りシートに書かなくても、「なぜ？」や「この先はどうなるだろう？」と素朴で素敵な課題意識をもっている姿
○ 疑問をもったことを実際に行動に移したり調べたり、話し合って考えたりし続ける姿

▼

○ 子どもたちの学びを記述式だけでなく、対話や学ぶ姿でも見取り、多面的に評価し、学習計画を修正し、課題提示をしていくことが大切
○ 子どもたちがもつ疑問や課題意識をつなぐように課題提示をしていくことで、学びが紡がれていく

▼

✔ 生まれた問い

子どもたちが抱いた「なぜ？」や「したい！」を単元内や年間を通してうまくつなぎ合わせていけば、子どもたちは学びを紡いでいくのでは？

　教材研究の一部として教科書や指導書を読み、各教科の学習内容のつながりを意識するようにし、日々の学習の際の課題提示は、子どもたちの思考の流れ「学びの必然性」に寄り添うようになりました。「なぜ○○なのだろう」「☆☆について知りたい（調べてみたい・実験してみたい）」「□□を聴いてみたい（行ってみたい）」「世界の人たちに発信したい」といった子どもたちの課題意識に寄り添い、課題提示をするということです。また、教科の固有性を意識しながらも、教科を横断することも想定に入れて課題提示をするようになりました。子どもたちがもつ「学びの必然性」に寄り添うことで、子どもたちの思考もアクティブになり、学びを紡いでいく姿につながっているように感じています。

課題提示のポイント

　多面的に子どもたちの学ぶ姿を見取り、子どもたちの課題意識をつなぎ合わせていくように課題提示していくようにする。これを続けていくことで、子どもたちの学びを紡いでいく姿につながり、個別最適化した学習にもつなげることができる。

「話し合い」そのものが 楽しめるような授業構成

　そもそも私にとって話し合いとは、授業の終盤に行う全体での意見交流こそがメインディッシュであり、ペアやグループで行うものは前菜に過ぎませんでした。今から十数年前、授業の基本スタイルが暗黙の了解により定型化していた頃は、次のような活動の流れが一般的でした。
①課題把握
②個別の問題解決
③全体での問題解決
④学びのまとめ・振り返り

　ペアやグループの話し合いは②と③の間をつなぐ一手間でしかなく、その目的も「自分と友達の考えの類似と相違を確かめておくため」程度でした。中には、全体発表前の自信をつけさせるためにペア対話をさせると明言する教師もいたほど、軽んじられた活動だったのです。ですから教師の指示も「○秒間で隣の人と交流して」という簡単なものでした。私はその対話に耳を傾けながら、この後の全体交流をどう進めるか考えるのが常だったのです。

Ａ子は授業中にさほど目立つ子どもではありませんでした。全体交流の場面で挙手するわけでも、友達の発表に相槌を打つわけでもありません。

　しかしペア対話やグループでの話し合いになると彼女の目は生き生きとし始めます。「〜じゃない？」「〜だよね！」と語りかける語尾になります。友達の意見に相槌を打ち、自分の意見をどんどんアップデートしていきます。Ａ子がペア対話で出した意見を、何とか全体での話し合いに生かそうと指名して発表させるのですが、そういう場面になると途端にボソボソとした話し方になるのです。不遜な考え方ですが、私はそれ以降、Ａ子は全体の場では使えない子どもというレッテルを貼ったのです。

　個と全体のつなぎでしかないペアやグループの話し合いで、その後もＡ子の姿は輝いていました。私の目も彼女の生き生きと楽しそうに語る姿に向いてしまいます。そこである日、Ａ子の班の話し合いを途中で止め、他の子どもたちを集めてから再開させました。最初は恥ずかしそうにしていたＡ子たちですが、話し合いに夢中になると、すぐに白熱したやりとりを見せていきます。ある程度見せてから各班の話し合いに戻らせたのですが、どの班も明らかに先ほどとは熱量のちがう話し合いになっていました。まだフィッシュボウルという技法を知る前のことでした。

○ **ペアやグループでの話し合いは、あくまで全体で話し 合う前の準備段階に過ぎない**
・意見の相互交流ができていればよい
・教師が意図的指名する際の材料集めに役立つ
・全体に発表する前の練習の場である

▼

○ **ペアやグループでの話し合いでは主体的に楽しく話し 続けるが、全体の話し合いでは沈黙し続ける**
○ **意見の交流のときはすぐに話し合いが終わるが、意見 を一つに決めたり新しいアイデアを出したりするとき にはずっと話し合いが止まらない**

▼

○ **子どもにとってペアやグループの話し合いが一番面白 い活動なのであれば、そこを中心に授業をつくっては？**
○ **話し合いには「相互交流（共有）」だけでなく、合意形 成したり、相違発見をしたりといった別の目的もある のでは？**

▼

✔ **生まれた問い**

「話し合い」の名の下に、教師の意図に沿って、定められた時間に言葉を 交わす活動を A 子たちに強制していたのではないか？

　それからは話し合いに対する捉えが大きく変わりました。ペアやグループの話し合いに移行する前に、目的と方法を丁寧に指示するようにしました。時にはフィッシュボウルの手法を使い、活発に話し合う様子を他の子どもたちに見せてよりよい話し合いのイメージやつまるポイントなどを示します。当然話し合う時間もしっかりと確保し、授業の中心として位置つけるようになりました。

　子どもの自由闊達な話し合いが授業の中心となると、いかに自分が教師中心の授業をしていたかがよくわかります。きっと「先生はどんな答えを求めているんだろう」「先生はこういう明るく話す姿が好きなんだよね」といった忖度を、知らず知らずのうちに子どもに強いていたのでしょう。それに気づいたときから私の授業観も大きく変わりました。

話し合いのポイント

　子どもが自分たちのペースで学びを進めることのできる話し合い活動は、単なる問題解決の一過程として扱ってはならない。話し合う目的を明確にもたせて、言葉をやりとりする喜びを味わわせることが大切。

「ペア・グループ」学習は、聴き合い、学び合い、学びを深める

　初任の頃は、課題提示後、まずは一人で考えるようにし、「話し声」が聞こえてくるとそれをやめさせ、一人で静かに考えるようにしていました。そして、そこで考えたことを「伝え合う」ようにしていました。

　このような抑圧された学習を続けていく中で、「自分の思いや考えをもっと伝えたい」と思う子どもが増えました。また、伝え合う場面では、「伝える」ことに重きを置いていたため「自分の考えを伝えて終わり」といった状況が広がり、手を挙げて発言する子たちだけが参加する「空中戦」の授業になっていることが多くありました。そしてその場の課題を解決することが難しかった子にとっては、身にはついていないけれども、その場限りの学習として「何となくわかったような気」になっていたのではないかと推察されます。さらにはクラスの中で大切にするべき、発言することが苦手な子や学習が苦手な子は、自分の考えや「ここがわからない」といった思いを表に出せないといった状況に陥っていました。わからない子を置いてきぼりの学習になっていたと言えるでしょう。これらは担任で

あった私が蒔いた種が原因でした。

　前述の通りに進めてきた初任の年（4年担任）の2学期、運動会が終わってホッとし、「気を引き締めていかなければ」と気持ちを新たにした頃の算数科の学習の時間でした。課題提示後に一人で静かに考えているときに、沈黙の中からひそひそと話す声が聞こえてきました。当時の私は当然のことながら（お恥ずかしながら）、その話す姿を見て「静かに考えるように」と促しました。すると…

　「ここがわからなくて、○○さんに"訊いて"みたくて…ごめんなさい」

　と、返答が返ってきました。私はその話し声を「私語」と捉え、「指導」したつもりになっていましたが、その子は「学びたい」という一心で友達の考えを"訊こう"としていたのです。それにも関わらず、その子は私に謝ったのです。こちらが申し訳ない限りです。

　ハッとしてその場で、「周りの友だちと話してもいいよ」と学級全体に伝えました。すると堰を切ったように子どもたちが「これわからんから教えて」「この考え方で合っているかな」と話し合い出しました。学習が苦手な子たちが自分で友達に訊いたり、周りを見て困っている子の学びを支えたりする姿が見られました。これを機に私はペア・グループ学習を効果的に取り入れ、「聴き合い、学び合う空間づくり」を意識しだしました。

訊いてみたい…

○ 「まず一人ひとりで考えることが大事」というスタンス

・自分で調べたり図や表にまとめて考えを整理したりする

○ 教師主導でペア・グループ学習を"区切る"

・「今は一人で考えてね」「はい、ここからはグループで話し合ってね」

○ 得意な子は暇をもて余し、苦手な子はひたすら固まる

・例えば算数が得意な子が苦手な子に対して一方的に考えを「伝える」姿が多く見られた

○ 思考を広げたり深めたりし合う姿

・「聴き合う」ことで、新たな考えを見出す姿も見られた

○ ペア・グループ学習により、互いがわからないことまで共有し合い、対話を通してよりよい解決法を考えたり、視野を広げたり、考えを深めたりすることにつながる

○ 対話を通して学び合うことで、新たな知見を見出すことにもつながる

✔ 生まれた問い

「聴き合い、学び合う空間づくり」を意識することで、ペア・グループ学習を通して子どもたちは学びを紡ぎ、より学びを深めることができるのではないか？

　ペア・グループでの対話を通して、一緒に調べたり、考えたりする学習を大切にするようになり、「話し合う」というよりは、「聴き合い、学び合う空間づくり」を意識するようになっていきました。一人で考えている子もペアやグループで話している子たちもどちらの存在も認め、その時々の学び方も自由に選べる時間も大切にしています。

　そうすることで、子どもたちは「○○さんはどう考えてる？」「どの辺まで考えてる？」といったように他者の考えに興味をもつようになったり、「それって□□っていうことじゃない？」と新たな見方を見出したりする姿が多く見られるようになってきました。また、お互いに寄り添う姿が見られ、温かな人間関係の醸成にもつながっています。

ペア・グループ学習のポイント

　「聴き合い、学び合う空間」をつくることで、対話を通して、考えを広げ合い、深め合い、学びを紡いでいくことにつながる。ペア・グループ学習を柔軟に考え取り入れることで、個別最適な学びにもつなげられる。

ダイジェスト型の「振り返り」が個の学びを強くする

「授業は個で始まり、個で終わらせる」

　若い頃から常々意識してきた授業の原則の一つです。どんなにクラス全体で盛り上がる話し合いがあったとしても、授業が終わった時点で子ども一人ひとりの変容がなかったならば、その授業のねらいは達成できなかったことになります。そのため、授業終末場面での振り返りには心を尽くしてきました。

　若い頃に行っていたのは「自己評価」です。本時の授業を振り返り、自分の頑張りを3段階から1つ選ばせ、一言感想を書かせるものです。この方法は、最高の評価と、「面白かった」しか書かない、形だけの評価をする子が増えたためやめました。

　自分の授業スタイルが固まってからは「○○日記」を書かせるようになりました。本時の授業を振り返り、自分が頑張ったこと、友達の活躍で心に残ったもの、新たに生まれた疑問の3つの視点から文章を書かせるのです。毎時間きちんと5分間書く時間を設け、その日のうちに評価するコメントを書いて必ず次の授業で返します。子どもが授業の中で何を感じ、何を考えていたのか手に取るようにわかり、授業改善にも随分役立ちました。

　いつも長文で「○○日記」を書いていたA子という子どもがいました。彼女は1時間の授業の様子を克明に書き出し、それぞれの場面で教師や友達が何を言っていたのかを丁寧に説明していました。授業が終わって休み時間になっても書き続ける姿もたくさんあり、その頑張りに触発されて私も力の入った返事を書き続けました。

ある日、何気なくA子にどうしてそんなに振り返りをたくさん書くのかと尋ねてみました。すると彼女はこう答えたのです。

　「先生の国語の授業が好きだからです。それに、先生がたくさん返事を書いてくれるので、どう書いたら先生が喜んでくれるかなあって考えていると長くなるのです」

　また、B男という子どもはA子とちがって「今日も面白かったです」という一言しか書かない子どもでした。ところが2学期になってから急に長文で振り返りを書くようになったのです。しかもいかにも無理矢理絞り出しましたという内容で。気になった私がB男にその理由を尋ねたところ、「感想いっぱい書いたら成績上がると思って」と答えたのです。

　子どもに本時の自分の学びを振り返ってほしいと考えて始めた「○○日記」だったはずなのに、いつの間にかA子もB男も教師である私の評価を気にした振り返りをするようになっていました。一体どこで子どもたちを歪めてしまったのか、このときの私は愕然とするばかりでした。

○ 授業における学びは、最終的に個人の中で帰結する
　だから、振り返りは個々の活動で行う必要がある

○ 個々の振り返りに対しては、学びのよさを認める教師
　からの評価が大切となる

○ 振り返りに書く量を増やすことを、成績を上げる手段
　として捉えている

○ 振り返りに書く内容の質を高める目的が、教師を喜ば
　せることになっている

○ 自らの学びを振り返るよさを理解できていない子ども
　に、さも授業が素晴らしかったという語りを書かせる
　ことは、教師の自己満足に過ぎなかったのではないか？

○ 自らの学びを振り返るというメタ認知的な活動を、す
　べての子どもが同じようにできると考えてはいなかっ
　たか？

✔ 生まれた問い

本単元や本時の学びにおける学習内容と、学ぶ意味が意識できるような振
り返りの形態が他にあるのではないか？

　その後、学びは個に意味づくとしても、振り返りの活動まで個に限定する必要はないのではないかという考えに至りました。最初は学級全体でポイントを明らかにし、言葉を交わす中で互いの学びを振り返ることができれば十分なのです。授業が終わる5分前になったら、板書の最初の部分に注目させ、時間の流れを追いながら1時間をダイジェストで語り始めます。途中「ここでCさんが言った言葉がきっかけでみんなの考えが変わったよね」などと、それぞれの子どもの姿を認める言葉を加えていきます。この「ダイジェスト振り返り」により、個々の場面で分断されていた子どもの学びがつながり、学習内容がさらに強化されるようになります。この方法で、全員が笑顔で終わる振り返りになりました。

振り返りのポイント

　形だけでも、思いだけでも、振り返りは教師の自己満足に陥りがちな場面である。「今日の学びのポイントはここだった」「今日も学んでよかった」「次も頑張ろう」と思える振り返りとなるよう、1時間の活動や学ぶ姿のよさを認めるスタンスから考えたい。

「テスト・評価」は自信と希望を与えるもの

　以前は、「テストは子どもたちを困らせ、点をとらせないように」というのが私の考えでした。ありのままの力を知りたいので、テストをする予告はしていません。また、どんな力をつけたらよいのか、「目標」も意識させていませんでした。市販のテストを実施していました。それに加え、自作のテストも行いました。子どもたちが悩み、高得点が獲れない内容になっていました。その方が、子どもたちのやる気が上がり、学力もつくと思っていたのです。

　「評価は成績表をつけるためにするもの」というのが私の考えでした。「成績表」をつけるために、点数や評価を残していきました。学力に関しては、子どもたちのテストの点数をそのまま記録簿に記載していました。生活に関しては、問題行動や私を困らせた言動のみを記録簿に記載していました。学期末になると、それらを機械的にまとめ、ランクづけをして成績表を完成させました。生活に関する記述欄は、「よいことを中心に記載する」ことになっていました。問題行動や困った言動しか記録に残していなかったので、何を書こうか悩み続けました。結局、子どもたち一人ひとりの個性などない、ありきたりの記述になっていました。

ある日、「Ａ男が学校に行きたがらない」と母親から連絡がありました。そのときは様子を見ることにしました。放課後、家庭訪問をしました。Ａ男は、「６年生になって、テストが急に増えて難しくなった。なかなか点数が上がらない。自分に自信をなくしてしまった。学校がおもしろくない」と話をしてくれました。５年生のときは、テストでは毎回100点近く点を取る子でした。「６年生になったから、勉強も難しくなったし、テストの回数も増えて当然だよ」と私は彼に話をしました。しかし、彼はずっと学校を休み続けました。

　昨年度の担任に相談をしました。すると、「最近したテストを見せて」と言われました。その先生は怒ったように「このテストは子どもたちに対するいじめですか。成長どころか、みんなが自信を失うテストですよ」とおっしゃられました。また、その後あった参観日後の保護者会では「テストの内容がおかしいのではないかと保護者の間で問題になっている」「１学期の成績表の先生からのコメントで、うちの子はやる気をなくしてしまった」という指摘まで出てきました。
　私はすぐに先輩方にアドバイスを求めました。一人の先輩から「テストや評価は、子どもに自信と希望を与えるものだ。目標を達成したら『自信』、目標に達成していなくても、『次こそは』という『希望』をもたせるものだ」と教えていただきました。

　私は、すべて逆のことをしていました。難しいテストをして、「まだまだだな、頑張らないと」と思わせることが正しいと思っていたのです。そのため、自分で大量の難しいテストを作成していたのです。採点をして返却をしてもどう直してよいのかも教えず、子どもに任せていました。そんな私に、子どもたちのよい面、頑張っている面などが目に入ることはありません。悪いところを発見する名人になっていたのです。

○ **テストは子どもたちを困らせるもの、評価は成績をつけるためだけのもの**
・難しいテスト内容にすれば、点を上げようとやる気も上がる
・評価をするために、点数と悪いところを記録するのみ

▼

○ **テストが子どもの実態に合っておらず、点数も上がらないので、やる気をなくし、不登校になってしまった**
○ **成績表を見て、やる気をなくしてしまった子も多数いた**

▼

○ 子どもたちの実態に合ったテストを実施する。数が少なくても、適切なテストで、返却後の対応をきちんとすることで、意欲が向上するのではないか？
○ 子どもたちのよいことを記録し続けることで、よりその子のよさを引き出すことができるのではないか？

▼

✔ **生まれた問い**

テスト・評価は、子どもたちの「今」に「評価を下す」ものではなく、「未来」に「希望」を与えるものではないのか？

　子どもたちの実態や教科により異なりますが、自作の単元末テストは作成しなくなりました。それよりも学年で統一購入している業社のテスト内容を分析しました。必ず身につける内容、少し難しいと思われる内容を抽出し、授業に活かしました。決して、「テストありき」の指導ではありません。「テストも活かした」指導に変えていきました。授業では、単元で身につけておきたい「内容」を最初に伝えました。すると、自然と子どもたちの中に「目標」をもつ子が出てきました。また、テストを実施する日を伝えることで、安心感の中、計画的に学習する姿も見られました。テスト返却後も、「直し方」を教えました。正解を写すのではなく、「なぜ間違えたのか」を考え、「解き直し」をすることが、次の学習へつながることにも気がつきました。

　評価のための記録も変わりました。学力に関しては、点数だけでなく、「苦手な問題」も記録しました。すると、単元をまたいで、その子の学力を捉えることができました。生活に関しては、毎日、よいことを中心に全員を簡単に振り返り、記録することにしました。改善すべきところも、簡単に記録します。子どもたちを見る目も前向きなものとなりました。成績表に書ききれない程のよさを発見できました。

テスト・評価のポイント

　テスト・評価は、子どもたちや保護者に「自信」と「希望」を与えるものでなくてはならない。テストや評価をすること自体が大切なのではなく、テストや評価をした「後」、「どう伝えるか」が大切なのである。

「宿題」の目的を捉えて、自分に必要なことを考えられるようにする

　宿題に関して、「教師が子どもたちに出すのが当たり前」「子どもたちは取り組むのが当たり前」と考えていました。私が小学生の頃から「宿題」というシステムがあったので、そこまで深く考えられていませんでした。

・漢字スキル

・漢字練習ノート

・計算ドリル

・音読

・日記

…といった組み合わせが宿題の定番となっていました。学年主任の先生が声かけしてくださったことをもとに、学年で宿題の内容を揃えていました。

　子どもたちもその指示に従って宿題に取り組んでいました。もし、宿題を忘れていたり、できなかったりすれば休み時間に取り組めるようにしました。子どもたちに「毎日、決められた宿題をするのは当たり前」を押しつけてしまっていました。

漢字の宿題として、「毎日、漢字練習ノート１ページ分練習する」ことを課していました。上の部分（漢字スキル）に書かれている文章を書き写して、余ったマスには新出漢字を練習できるようにしていました。

　ある年、それをしてこない子がいました。決められたことをしていないので、呼び出して「ちゃんと最後まで練習しないとダメでしょ」と指導しました。少し不満そうにしていましたが、休み時間にはきちんと最後まで書いていました。

　しかし、次の日もまた同じようなことをくり返していました。そこでまた呼び出して「何度言ったらわかるの。最後まで書くのが宿題だよ」と指導しました。すると、その子は、「だって、もう別に覚えたもん。それよりも本を読んだり工作したりしたい」と話しました。

　私は、「でも、宿題なんだから…」と言いかけましたが、心の中で「あれ？　確かにもう覚えられているのなら…」と思い、結局は何も言えませんでした。改めて「宿題って何だっけ」と考えるきっかけとなりました。

　実際、その子はきちんと漢字を覚えられていました。それなのに「やらないといけない」ということに違和感を覚えたのでしょう。単なるわがままではなく、その子なりの意味があったのです。

　一人ひとりにとって必要な宿題について考えさせられました。

子どもと出会う前

○ **教師が与えた宿題を子どもたちが取り組むのが当たり前**

・「みんな同じ」宿題を学年で揃える

・宿題を忘れる子には学校で取り組ませる

・「宿題はするもの」を押しつける

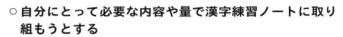

出会った子どもの姿

○ **自分にとって必要な内容や量で漢字練習ノートに取り組もうとする**

○ **学校で決められた宿題以外にも、家では自分のやりたいことがたくさんある**

姿から考えたこと

○ **「宿題なのだから…」は子どもたち一人ひとりの学習についてきちんと考えられていない**

○ **子どもたち一人ひとりによって、必要な宿題の内容や量はちがう**

✔ **生まれた問い**

子どもたちにとって、本当に必要な宿題とは何か？

　次の日、子どもたちとともに、「宿題って何のためにあるのだろう」「自分に必要な宿題ってどんなものだろう」といった話題で、宿題について互いの考えを話し合いました。

　子どもたちは、「ちゃんと復習するために必要」「予習すると授業中にわかりやすい」「漢字よりも計算が得意じゃないから、計算の時間を多めにした方がいいかも」と、自分なりの考えを表現していました。

　そこから、「みんな一緒」の宿題ではなく、自分で学習内容や方法を選べるようにしました。最初はうまく決められない子も多かったですが、試行錯誤しながら少しずつ「よりよい宿題」を見つけられるようになりました。

宿題のポイント

　宿題の目的や意義を子どもたちと考えて、「やらされる宿題」にならないようにする。そのためには、子どもたちが自分にとって必要な内容や量を選べるような機会をつくることが大切。

単元を進めるイメージを「エスカレーター」から「はしご」にする

　国語科の目的の一つには、ことばを駆使して他者と理解し合える力を育むことがあります。ですから、単なる教材内容の理解だけではなく、いかに他教科や日常生活に生きる「ことばの力」を高めることができるかを考えて授業をしなければなりません。そのため、国語科の単元構想は、学ぶ段階と活用する段階をうまくつなげられるよう、多くの先輩教師がさまざまな配慮をしました。

　その中で私が有効だと考えていた単元づくりのメソッドは、大きく次の2つです。

「習得単元と活用単元の合体」

　例えば、前半で「ごんぎつね」で身につけた読みの視点を活かして、後半は他の新美南吉作品を読むような単元構成です。

「単元終末の表現活動の設定」

　あらかじめ「新美南吉パンフレット」の作成を予告し、必要な読みの視点を「ごんぎつね」から見つける単元構成です。

　いずれも単元の前半と後半のステージをしっかりと分け、明確な学びの視点でスムーズに移行させる手法です。私は、これらの単元で子どもがつくった成果物を見て、「ことばの力」が育まれていることを確信していたのです。

　そんなある日、子どもが作成した「ごんぎつねパンフレット」を見ているときに、小さな違和感をもちました。丁寧な字と上手なイラストでつくられた完成度の高いパンフレットなのですが、前半の読解場面でしっかりと共有したはずのごんの心情を、誤解したまま書いているのです。まさか

と思い他のパンフレットを見てみると、やはり何ヵ所か読みが浅いままであることがわかる部分があります。どうやら私は、パンフレットづくりという単元後半の表現活動がよくできていれば、前半の読解もしっかりとできているはずだと捉えていたようです。単元計画をかっちりと組み立てた結果、毎時間の活動内容が明確になり、それに沿って進めたため、子どもによっては理解が不十分なまま単元の後半に進むことになったのでしょう。絵を描いたり文を書いたりするのが得意な子どもであれば、前半の学びの印象のみを基にして、ある程度整ったパンフレットがつくれたのです。

　反対に、パンフレットづくりに丁寧さが足りなかった子どもはどうでしょう。確かに、前半の読解場面で生き生きと自分の考えを述べ、相当深い読み取りをしていたにも関わらず、成果物から受ける印象に引きずられ、私はやや低めの評価をしていたのかもしれません。このとき、自分が大事にしてきた「ことばの力」とは何を表していたのか、まったくわからなくなってしまいました。

○**単元とは学びの段階に応じたステージによって構成し、意図的・計画的に進めるべきだ**

・単元全体から逆算して1時間ごとの目標を明確にする

・子どもの思考は理解したことを生かす、または生かすために理解するの二方向にしか進まない

子どもと出会う前

▼

○教師の設定した細かい計画についていけず、その場その場の活動に注力することで、単元内の学びが分断されてしまっている

○力を発揮できるステージとできないステージがあることで、学びを正当に評価されないでいる

出会った子どもの姿

▼

○こちらが想定している「〜したことを生かして」「〜するために」といった思考を、すべての子どもに同じレベルで求めるのは難しいのではないか？

○単元後半になるにつれ、理解や表現の個人差が大きくなるのは、うまく共有の機能が生きていないからでは？

姿から考えたこと

▼

✔ **生まれた問い**

本来、行きつ戻りつしながら学び、個の学習スタイルも異なる子どもに、窮屈な単元計画を押しつけていたのではないか？

　「子どもは大人と同じようには学ばない」「全員同じようには学べない」ことに気づいてから、単元づくりに対する私の構えは大きく変わりました。子どもが何を感じ、どう考えているかという意識を捉えながら単元を進めていけるよう、計画を緩やかな骨子のみとしました。そして、単元を貫くものは言語活動ではなく、子ども一人ひとりの「問い」として、それぞれの学びがどう変遷していったかを評価するようにしました。これまでの単元計画が子ども全員をエスカレーターで次のステージに送るものだとすれば、いくつもの「はしご」をかけて、子どもが自分で行きつ戻りつできる余白のあるものへと変えたのです。臨機応変さを求められますが、確かに「ことばの力」が育まれている実感があります。

単元づくりのポイント

　足元が勝手に進むエスカレーターのような単元づくりでは、スムーズな学びに見えても子どもの力は育まれない。自分なりの速さやスタイルで、仲間と共有し、行きつ戻りつしながら学べるよう、単元づくりでは複数のはしごをかけることを意識する。

「教材研究」は教師自身が、楽しいと思えることが大切

　小学校の場合、毎日、多数の教科を教えています。中学校や高等学校の場合、専門教科になります。教科は限定されますが、道徳科もあったり、複数の学級を教えたりしています。いずれの場合も、授業をする前に、教材研究に時間を費やすことになります。

　小学校6年生を初めて担任した私は、「最高のクラスをつくるぞ」と意気込んでいました。そして、「楽しいことをたくさんすれば子どもたちは喜ぶはず」と思っていました。授業の準備、つまり教材研究とは程遠いゲームや、今流行っているネタなどを用意することに一生懸命でした。

　教材研究は、学校で購入している教師用指導書を読み、そのまま授業をしていました。教師用指導書には、「単元の流れ」「発問」「指示」「板書」そして「プリント」に至るまで、授業に必要なことはすべて書かれています。前日にその部分を読み、そのままプリントの準備をすることが多くありました。

　日が経つにつれ、授業中の子どもたちの様子が変わってきました。別のことをしていたり、ぼーっとしていたりと、明らかに授業に集中していません。次第に、常に無駄話が聞こえる落ち着きのない授業となっていまし

た。

　「この状況はまずい」と思い、先輩に相談をしました。すると、「指導書をもとに授業をすることも一つの方法だけど、そろそろ先生自身のオリジナルの教材をつくってみるといいよ。子どもたちも喜ぶよ」と教えていただきました。その先輩は私を造山古墳（岡山県）に連れて行ってくれ、教材研究の方法を教えてくれました。

　写真でしか見たことがなかった造山古墳でしたが、実際に足を踏み入れると、「あっ、これは面白そうだな」「これを教えたいな」「○○さんなら、どう考えるだろう」と、「授業でどのように教えるか」自然と考えながら古墳の中を探検していました。

　探険後には、ノートには授業のアイデアがぎっしり書かれていて、写真も100枚以上撮影していました。

　この現地での教材研究をもとに授業をしました。最初に私が写っている造山古墳の写真を提示しました。それだけで子どもたちは大興奮で、その後の授業も、意欲的に学んでいました。

　このような教材研究は、いつもはできません。指導書を参考にしながら、「この学級ならこう授業をするかな。45分に一つ、オリジナルの活動をしてみよう」ということを意識して、教材研究することを習慣づけました。

　算数科3年生「重さ」では、「kg」を理解し、その量感を会得することを目的としています。指導書では、「1kgのものをもつ」となっていました。しかし、「この子たちが意欲的に学習するには…」と考え、「班対抗！砂場で1kgをつくろう！」という活動を考えました。台秤を班の数用意し、買い物袋に砂を1kgになるように協力して入れていきます。1kgをクリアすれば、1.5kgにチャレンジ、というように、ゲーム感覚で進めていきました。授業中、子どもたちの相談する声が止まりませんでした。次の日、連絡帳で保護者から「すごく楽しかったそうです」とお手紙をいただくほど、魅力的な授業になりました。

○ **教科書の教師用指導書で教材研究は十分である**
・子どもは授業より、楽しいゲームや楽しい話を望んでいる
・教師用指導書の通り授業を進めていれば問題はない
・教師用指導書の他に教材研究をする必要はない

▼

○ **次第に授業に集中しなくなる子どもたちの姿**
○ **社会科など、現地取材が可能なものは取材をし、それをもとに授業をすると、子どもたちが意欲的になった**
○ **どの授業でも、教師の「一工夫」を入れると、意欲的に活動する子どもが増えた**

▼

○ **教師自身が、「魅力的だ」「楽しいな」と思える教材研究にすることが大切なのではないか**
○ **忙しい中でも、授業中に、一つは教師が考えた教材を入れることで、授業が活性化するのではないか**

▼

✔ 生まれた問い

教師が教材研究を楽しむことは、子どもたちにとっても楽しい授業を提供することにつながり、意欲的に学べる魅力的な授業が展開できるのではないか？

「教材研究＝指導書を読む」ではなく、「自分で教材を見つける、つくる」意識に変えました。社会科ではあれば、「実際にお店に行き、買い物をしながら授業に使えそうなものがないか探す」「校区の歴史的な史跡を探検する」。また、消防士や警察官の保護者にインタビューすることもありました。指導書を読むよりも、時間はかかります。しかし、教材研究をしている最中は、時間を忘れるくらい楽しく、「ここをこのように教えてはどうか」と取材が終わっても、ずっと教材について考えている自分がいました。

　私には、忘れることのできない、宝物のような教材があります。原爆の被害にあった米兵の方々の調査をした森重昭氏を取り上げた教材です。ニュースで偶然、森氏のことを知り、すぐに書籍を購入し読み込みました。そして、森氏に連絡を取り、自宅に伺い話をたくさん聞かせていただきました。当時担任していた学年の社会科の時間に、森氏に来ていただき、子どもたちと平和についてかなり深く学び合った思い出深い教材です。

　自分で教材を見つける、開発するという意識で教材研究をすると、教材と自分が一体化したような感覚になります。教師自身が楽しみながら授業をすることで、授業を楽しむ子どもたちも次第に増えていきました。

教材研究のポイント

　「自分で教材は見つける、開発する」というスタンスで、教師自身が教材研究を楽しむ。その楽しさは、子どもたちにも伝わり、楽しい授業、潤滑な学級経営につながる。

学びの主導権を子どもたち
にする「学習環境」

　初めて5年生担任をした年。高学年独特の人間関係への対応や難しい
学習内容に戸惑うことばかりでした。一方で、今まで担任していた3・4
年生より子どもたちのできることが格段に増えました。そこで、自分が
「おもしろい！」と思うことを「こんなことやってみない？」と次々と子
どもたちに提案。子どもたちは「おもしろそう！」と目を輝かせていまし
た。音楽発表会では「絶対楽しい！」と当時流行していた「U.S.A」の合
奏を提案。会場を巻き込んで「U.S.A！！！」の大合唱で大盛り上がり。
保護者や他の先生方からの評判も上々で、子どもたちも喜んでいました。

　初めての高学年で、いつも以上に気合を入れて授業も行いました。「こ
れも教えたい」「もっとここを深めたい」と、かなりの詰込み型授業展
開。説明や練習問題が中心の授業展開で、時々思いついたかのように話し
合い活動。話し合い活動のときは一瞬盛り上がりますが、すぐにシーンと
した環境に。気がつくと一部の子を除き、ほとんど発言が出ないように
なっていました。

クラスの中心となっていたAさんは、頭の回転が速く、利発な子でした。授業中、どんなまずい発問をしても意図をくみ取って発言してくれる子。自分の考えをもち、委員会活動や学級活動では影の立役者となってまとめる頼もしい存在でした。

私も彼女を頼りにしている部分が多く、意見がまとまらないときはAさんをよく指名していました。いつも前向きに参加していましたが、時々不満そうな表情をしていました。「どうしたの？」と聞いても「……なんでもありません」と顔を曇らせてばかり。その後は、何もなかったかのように明るい表情で取り組むので、あまり気に留めることはありませんでした。

「自分なりにうまくやれたぞ」と思っていた年度末。子どもたちに書いてもらった「先生への通知表」には、手厳しいコメントがたくさん書いてありました。特にAさんからは、「結局、全部先生がやりたいことをやっただけじゃないですか。全然私たちに任せてくれなかった」というコメントが。音楽発表会に限らず、日ごろの授業でも意見が出ない子どもたちをそっちのけで授業を進めていたことや、子どもたちの声を全然聞かずに行事などの準備を進めていた自分の姿が思い返されました。子どもたちに成長する喜びを味わってほしかったのに、真逆の経験をさせてしまっていた。このときに初めて気がついたのです。

○ **子どもの学びは教師が導かなければならない**
- 子どもたちが想像できないような面白いことを提案すれば子どもたちはついてくる
- 主体性は後から育つ。まずは教師が教えなければならない
- 教師に提案されても反発しづらい関係

▼

○ その瞬間は「楽しい！」と言っていたけれど、成長する喜びを味わえていなかった
○ 自分で「決める」経験ができず、不満を抱えている
○ 話し合いの場でも意見をほとんど出せない

▼

○ 子どもたちに「解決して進めていける力がある」と信じ切れていなかったのでは？
○ 子どもを主語に置いた学習環境を整えていけば、子どもたちは成長する喜びを味わえるのでは？

▼

✔ **生まれた問い**

「成長の喜び」は教師の決めた狭い枠の中ではなく、自分たちで決めて進める経験の中でしか生まれないのでは？

　その後、異動になり、5年生の担任となりました。「やれるぞ！」という自信と同時に、「同じ轍を踏まないようにしなければ」と子どもたちが自由に活動できる時間を確保することを心がけました。授業では『学び合い』形式を取り入れて、子どもたちだけで答えにたどり着けるような授業展開に。特に社会科では、単元内自由進度学習の形式を取り入れ、友達との調べ学習とレポート作成を中心とした授業を行いました。

　年度末に子どもたちに取ったアンケートからは、「自分たちで学習を進めるのが楽しかった」「自分で考えていく力がついた」などの意見を多くもらいました。そして、異動するわけでもないのに、最終日には子どもたちが「先生1年間ありがとうございました」とサプライズでお楽しみ会を開いてくれました。子どもたちの声を聞き、「自分たちで判断し、決める」という経験をたくさんできる環境を整えたことが、子どもたちにとってのかけがえのない時間につながったのでしょう。

学習環境づくりのポイント

　子どもたちが自分で学習の主導権を握れる環境を整えることで、考え、挑戦し、成長する喜びを味わっていくことができる。

学ぶ意欲を育てる
「個別（学習）支援」にする

　以前の私は、当該学年が終わるまでに、どの子もドリルなどは最初から最後まで、すべて回答を書き込ませて終了させなければならないと思っていました。授業や宿題の時間に、問題を仕上げることができる子はよいのですが、理解力が乏しい子や基本的生活習慣が身についていない子は、上記の時間では間に合いません。そこで、昼休みや放課後などを使って、理解するかどうかより、とにかく書き込ませて終了させるように指導していました。すると、お昼休みはいつまでたっても級友と遊べず、次第に孤立感に苛まれ、ますます、学びに心を閉ざしていったように思います。さらに、周りから「できない子」というレッテルを張られることもあったかもしれません。

　また授業時間に行う机間指導も、特に算数では、わからない子にべったりついて教え込んでいました。とにかく、課題を終わらせる、書かせることに指導の重点を置いていたように思います。

5年生の女の子が、算数のノートにこんな言葉を綴っていました。

　「私は、算数は苦手だけど、これなら好きになれそうです」

　授業の終末に、振り返りとしてノートに綴られていた言葉です。多角形の角の和についての授業で、主体的に子ども同士が話し合い、最後は、「百角形でも求められる！」という声がわき出た授業。私が教え込んだのではなく、子どもの言葉で紡いだ授業でした。教師から指導を押しつけるのではなく、学びに心を開くこと自体が、理解や習熟につながると再認識した経験でした。1年が終わるまでに、ドリルや問題集をすべてやらせることよりも、学びに心を開いていることこそ、学習の土台であることを痛感しました。それから、個別指導においても、本人の自主性や学ぶことに充実感をもたせる指導に変えていきました。

　学校で一人ひとりに丁寧に関わり、個別指導することも大切ですが、学校での指導は時間的にも限りがあります。特に、長期休業中は、毎日教師が指導するわけにはいきません。個別学習支援においても、家庭の協力は、子どもにとって大きな支えになります。特にその中でも、低学年の学習は、生活を支える土台です。身につけなければならない基礎基本です。特に低学年の夏休みの努力で、その後の学習への取り組みが大きく変わります。「努力を経験し身につけること」。これぞ、子どもの人生を支えるのです。さらには、保護者も我が子を理解し、親として成長していく大切な時期が小学校低学年です。忙しくても、我が子が泣いても、我慢強く学習を見守ることは、その子の人生を支えます。ただし、保護者も迷い、また、我が子に期待するあまり、結果で子どもを評価しがちです。「努力する姿勢こそ、これからの人生を支える」という共通理解を保護者ともてるように、子どもの将来に希望のもてるような愛の溢れる懇談を重ねて、連携を密にし、家庭での個別支援を促したいものです。

○ **ドリルなどすべてを仕上げることを第一目標としていた**

・苦手意識の強い子にも、同じ分量を必ず終わらせるように、昼休みなども拘束して補習を行う

・教科がもっと嫌いになり、子どもは学びに心を閉ざす

・周囲から孤立してしまうことも……

▼

○ **嫌いだった算数に対して、主体的に取り組むと、「好きになれそう」という感想をもつ子どもの姿**

○ **学びに心を開くことこそが、土台であると感じた**

▼

○ **学びに心を開いていなければ、ドリルなどを書き込んでいたとしても、真の学力にはなってない**

○ **学校をきっかけに、個人に合った個別学習をつくる力を身につけさせたい**

▼

✔ 生まれた問い

すべての課題を終えた後、真に子どもに残る力は、学びへの姿勢でないか？ 基礎基本と学びへの姿勢の双方を育てたい。

授業時間内に個別に回り、現状把握と指導を重ねる。

○すべて仕上げることを全員に強要せず、問題やページを教師がピック
　アップして、その箇所ができていればOKとする

○日々の見取りを毎日メモ。保護者と共有し、家庭学習で対応。努力の姿
　勢を身につけさせる

○できた結果を褒めず、努力した過程を褒めて、学び続ける姿勢につなげ
　る

○10分だけ放課後勉強会。昼休みは、自由時間を保障する

個別（学習）支援のポイント

　　学びに心を閉ざさないように、時間や量など個々に調節し支援する
ことが大事。また、小学校段階では、家庭の協力も得られるように、
普段から児童理解に基づいた連携をとる。

空欄のある算数の宿題を
提出する子どもの姿から学ぶ

1. 宿題は家庭学習の習慣化だから
漢字と音読を選択

　宿題は家庭学習の習慣化と捉えていました。

　小学校ではその時間の目安は、「学年×10分」と言われています。1年生なら10分、6年生では60分です。宿題は家庭で行います。基本的には自力で行います。「わからない・できない」があると頓挫することになり、目安の時間をクリアーできません。その結果、「やり切る」ではなく、「諦める」習慣化となってしまいます。

　そうならないために漢字・音読を宿題にしていました。漢字は学校で習った復習です。書けばいいのです。間違いようがありません。練習すれば覚えます。成果を実感できます。何回も書くと、目安の時間が近づいてきます。

　音読も一人でできます。読めない漢字には授業中にルビを振っています。ですから、読めないことはありません。音読を繰り返すことでスラスラ読めるようになります。何回も読めば覚えてしまうので、誦じることができます。その姿を見た保護者は、「覚えたの！」と感心します。努力が成果となるので、達成感を得られます。

　なによりも、漢字と音読は保護者を頼らなくてすみます。保護者は見守るだけでいいので、我が子が宿題をしているという満足感を得られます。

　こうして宿題の習慣化が図れます。

2. 算数はうろ覚えだから家庭ではできなくなる

　先ほど、宿題は漢字と音読と書きました。あえて、算数は出していませんでした。それは、「わからない・できない」からです。

　私が小学生の頃、算数の宿題をしていると鉛筆が止まることがありました。学校ではわかったのです。できたのです。それが帰宅し、宿題を始めるとわからなくなるのです。翌日、空欄のまま宿題を提出することになります。

　しかし、単元が終わる頃にはわかるようになっていました。算数は積み重ねの教科です。新しい内容は既習を生かすので、それが復習となり、理解したことを思い出していたのでしょう。

　算数の初期の理解はうろ覚えです。本人はわかったつもりです。そこで完結にするのではなく、繰り返すことで定着となります。小学生ながら「やっているうちにできるようなる。だから、わからなくても大丈夫」と悟りました。

3. できない宿題は習慣化を妨げ、教師への不満の種となる

　宿題は全部やるのが当たり前です。算数ではできない問題が生じがちです。そんなときは、保護者に教えてもらうとします。保護者は気軽に請け負いますが、何回教えても「わからない」という我が子に苛つきます。そのうち、「何でわからないの」と怒鳴ってしまいます。最後は、「先生の教え方と私が教わったときの教え方がちがうから」と匙を投げます。

　そんなことを言われてもわからないものはわからないのです。わからないから教わろうという健気な子どもの思いは、「もういいよ。教えてくれなくて。自分でやるよ」と親への反発に変わります。

　保護者はわかるように教えてあげたいのです。できるようにしてあげた

いのです。我が子への文句はその裏返しでもあります。

　我が子へ向いていた怒りが、「わかるように教えてほしい」「できない算数を何で宿題にするの」と担任へ転嫁します。担任への不満となります。保護者の怒りは「なんでこんな宿題を出すの」と担任に向かい、「ちゃんと学校で教えてよ」という不満は担任への不信感として炎上します。

4. やり終えることに意味を見出す算数の宿題

　その日の算数の授業はわり算の筆算です。理解が捗々しくありません。特にわる数が二桁になるとそれが顕著です。

　宿題は計算ドリルです。問題は 20 問あるのですが、それはとんでもない数です。そこで、宿題の問題数を減らすために授業中に 10 問、残りの10 問を宿題にしました。

　翌日、子どもたちは登校すると宿題を提出します。大方の子どもが 10問終えています。誤答もありますが、正解が多数を占めています。昨日の授業の実態から想起すると、意外な出来栄えです。ドリルは自分で採点できるように解答を配付しています。「あはん、これは解答の丸写しだなあ」と思うドリルもあります。宿題はやることに意味があるのですから、とにかく全部終わらそうという気持ちはわかります。大人の文字もあります。保護者に教えてもらえたのはよいのですが、それを消し忘れたようです。

5. 空欄の宿題はわからないことがわかる

　宿題は手渡しです。ドリルには空欄が数問あります。「忘れたの、わからなかったの？」と確認すると、「わからなかった」と答えます。

　前夜、既習をまとめたノートや教科書を見直しました。それでもわかりません。うろ覚えだからです。自力で解決できなければ、他者を頼ることになります。まずは保護者を頼りますが、理解には至りません。

　「一緒にやる？」と促すと、頷きます。担任に教わることを選択します。とはいえ、それは簡単なことではありません。自分が「わからないこと」を知られてしまいます。勉強ができない子だということを知らせるこ

とになります。担任には「よい子・できる子」と思われたいものです。

　また、教室で宿題を教わる場面を友達は目にします。わからないことを友達にも知られることになります。それはプライドが許しません。

　ですから、「宿題がわかりません。教えてください」はかなりハードルが高いのです。

　それでも、早朝補習の始まりです。できなかった問題をすべてやるのではなく、一つだけを繰り返し教えます。まずは私が筆算のアルゴリズムを唱えながら解きます。次は子どもも一緒に唱えさせ、私が解きます。3回目は子どもが解きます。このとき、子どもは唱えません。私が唱え、それを子どもは紙に書きます。教師が唱える思考方法を具現化させるのです。最後は子どもが独力で解きます。

　1問を4回行います。1回目は時間がかかりますが、回を重ねるごとに短くなります。時間短縮は理解度のバロメーターでもあります。補習は5分ほどで終わります。子どもにとっても負担にならない時間です。

　翌日の算数の宿題にも空欄があります。「(今日も補習を)やる?」と聞くと、笑顔が返ってきます。

　こうして毎朝の5分間補習が続きます。すると、どうでしょう。単元の終わりのテストでは90点を取ります。本人もびっくりです。そして、「できるようになったよ」と嬉しそうにテストを広げます。

　子どもは、「あのね。お母さんが『城ケ崎先生のおかげだね』って言っていたよ」と教えてくれます。

　保護者の面談の際、「算数の宿題でわからないときは『教えなくてよい』って言うのですよ。『わからないときは学校で先生に教えてもらうから』とあっけらかんと言うのですよ」と教えてくれます。わからないことに引け目を感じていないようです。わからないことがわかり、教えてもらえる喜びを感じています。

6. 理解度を確認するために宿題がある

　宿題は家庭学習の習慣化のためにあると思っていたのですが、それだけではないようです。では、宿題とは何でしょう。それは理解度を確認する

ためにあります。

　わからないことがわかるということは、わかるところとそうでないところを分けるということです。どこまでわかって、どこからわからないのかを自覚することです。そうすると、学びの精選ができるのです。つまずいている箇所に特化した学びをすることになります。無駄な学びではなく、合理的な学びです。言い換えると、短時間の学びとなります。ですから、教わる方の負担は軽減されます。

　わからないことを教わると担任への信頼感でもあります。教師がわからないという現状を受け入れてくれます。よりよい方向に導こうとしてくれます。仮にわからなければその方法に拘らずにあっさりと「捨て」、別の方法を考えてくれます。自分のためにあの手この手を尽くしてくれます。人は肯定してくれる人を信頼します。それを共に解決しようとしてくれます。

7. 他の子どもへの影響

　保護者は勉強がわからなければ先生に教えもらいなさいと言います。しかし、それを実践する子どもは稀です。大概は、「うん」と保護者を安心させるだけです。

　朝の補習を他の子どもも見ています。「先生は花子ちゃんと勉強をしているね」「じゃあ、君もやる？」「うん！」となります。

　宿題だけでなく、算数の授業が終わると、「コンパスの使い方がわからないから、教えて」と教卓にやってくる子どもがいます。

　わからないことがわかるようになってきたようです。わからないことは恥ずかしいことではないと意識の転換を図れたようです。わからないことはわかるようになりたいという向上心がわいてきたようです。「わからないことは教えてもらえる」と先生を頼ります。わからないことは先生がわかるようにしてくれると確信します。わからないことは誰でも教えてくれるんだと先生を当てにするようになります。

○家庭学習の習慣化として宿題を出す

・「わからない・できない」という状況に陥らない課題を選択
・漢字・音読など一人でできる課題を選択
・学年×10分を目処にした分量を選択
・保護者に負担をかけない課題を選択

出会った子どもの姿

○「わかった・できた」という理解度を確認する算数の宿題を出す
・解答を丸写ししたり親に教わったことをそのまま転記したりしている
・空欄がある

姿から考えたこと

・全部終えることを目的にすると、「悩まない・困らない」
・「わからない・できないこと」で空欄がある子どもは全部終えることができなかったという負い目がある

生まれた問い

・課題をやり終えることも大事だが、自分の現在位置を自覚することも宿題をやる意味があるのではないか

宿題指導のポイント

　「できないことを知る」「わからないことがわかる」ことが学ぶモチベーションとなる。わからないときは先生に教えてもらえばよいという「甘え」を発揮するチャンスとなる。困ったときは助けてもらえるという受援力が担任への信頼につながる

第 3 章

学級づくり編

子どもたち自身が「大切にしよう」と思える「学習規律」にする

　若手の頃、私は学習規律に厳しい教師でした。

・机の上に置く物

・授業前の準備

・人の話を聴く姿勢

…と、ある一定の基準を示したうえで、子どもたちに「守らせる」ことを大切にしていました。

　今でも「学習規律なんてどうでもいい」と思っているわけではありません。学習規律が大切にされることで、子どもたちは安心して学ぶことができます。

　ただ、このときはかなり細かく徹底しており、学習規律を乱す行為が見られたら厳しく指導していました。叱ったり、熱く指導したり…ということを繰り返しながら、「守らせる」ようになっていました。

　教師としての経験を重ねるにつれて、何とか多くの子に「守らせる」ことはできるようになりましたが、ちがう先生の授業で乱れたり、それでも守らない子がいたりして悩んでいました。

ある年、授業中に教室内を歩き回ったり、教室外に飛び出したりする子がいました。授業のはじめには何とか自分の席に座っていられますが、徐々に落ち着けなくなってしまっていました。

　私が厳しく指導し続けることで何とか授業中には座らせることができるようになりました。少し落ち着いたようにも見えました。しかし、ある日「『こうしなあかん』というのが多いのはしんどいわ」と訴えてきました。

　最初は、「文句ばかり言って、何てわがままなのだろう」と思いました。そこから学習規律の大切さについてわからせる指導をしようとしました。しかし、その子の本当に困ったような顔を見て、「本当にわがままなのだろうか？」と自分自身に問い直しました。

　そこから、他の子についても「学習規律を守っているけれど、本当は息苦しくなっているかもしれない」「規律を守る目的や意義もわかっておらず、『先生が言うから』だけで何も考えられていないかもしれない」と考えるようになりました。

　私に訴えかけてきた子は、自分の考えをきちんと伝えてくれた子です。「教室内を立ち歩く」「教室外に飛び出す」も、教室内の不自然さに対する自然な姿だったのかもしれないと思いました。

○ **徹底して子どもたちに学習規律を守らせよう**
・細かい学習規律を教師が決める
・規律の乱れには細かく、厳しく指導する
・自分以外の授業ですぐに規律が乱れることに悩む

▼

○ 「こうしないといけない」が多いことのしんどさを教師に訴えかけてくる
○ 規律を守っている子も「先生が言うから」で守っている子が多い

▼

○ これまでは、学習規律を教師から子どもたちに押しつけていただけだった
○ 学習規律は必要だけれど、教師がそのように思っているだけでなく、子どもたちが本当に「必要だ」と感じられるようにしないといけない

▼

✔ 生まれた問い

どうすれば、子どもたち自身が学習規律を大切にしようと思うだろう？

　子どもたちと一緒に「学習規律」について考えるようになりました。
「学習のルールって何であるのだろう？」
「お互いに気持ちよく学ぶために、どんなことを大事にしたい？」
…と問いかけて、子どもたちと共に学習規律を決めました。すると、子どもたちにとって「守らされる学習規律」ではなく「大事にしたい学習規律」へと変わりました。

　また、たえず学習規律について考え続けられるようにしました。「最初に決めて終わり」ではなく、何度も考えられるようにすることで、子どもたち自身が意識したり、大事にしたりするようになっています。不必要な学習規律を減らすこともできるようになりました。

学習規律のポイント

　学習規律の必要性を子どもたち自身が実感できるようにすることが大切。そのためにも、教師が決めて押しつけるのではなく、子どもたちと一緒につくる必要がある。

「叱り方・褒め方」はタイミングが命。次につながる視点をもつ

　初任の頃は、経験が浅く児童生徒がくり返し失敗したときに、ただ怒ってしまうことがよくありました。こちらも先が見えないので、子どもたちの行動も予測や想像ができませんでした。結果として、感情に任せた怒り方＝「下の下の怒り方」をしてしまい、今となっては赤面です。

　褒めるときも、具体的な事実には触れず、ただ口から褒める言葉が出ているだけの状態でした。形式的に褒めることばかりになってしまい、褒める意味がだんだん薄れていくのが自分でもわかりました。また、全体を認める褒め方と個々を認める褒め方の使い分けも、まったくできてはいませんでした。

　よくなかったことを伝える技術と、よかったことを伝える技術。先生には、この両輪の技術が必要なのはわかりますが、正直どうしていいか、だ

んだんわからなくなっていきました。

　子どもたちから慕われている定年間際の D 先生がいました。

　その先生は、途中で諭したり途中で褒めたりすることを大事にしていました。つまり、何かが起こったからではなく、その前にそれとなく伝えて、いい方向に D 先生は導いていくのです。

　当たり前ですが、最終的な失敗で叱られることが減り、逆に成功体験が増えて子どもたちは自信をどんどんつけていきます。

　また、結果を褒めるのではなく過程＝プロセスを褒めるので、子どもたちはどんどん前向きになり、主体的に動くクラスになっていきました。

　もしかしたら、「褒める」という言葉を使っていますが、実際には背中をそっと押すような「言葉かけ」なのかもしれません。アドラー心理学的には「勇気づける」という視点と言えます。

○ **びしっと叱って、とにかく褒めればうまくいくと勘違いしていた**

・叱るとはどういうことなのかをわかっていなかった

・褒めることのメリットとデメリットをわかっていなかった

・ゆとりがないと感情のコントロールがむずかしい

▼

出会った子どもの姿

○ **叱る前にできることはないかと気づいた**

　　→支援という考えで捉えていくといい

○ **結果だけではなく、過程＝プロセスを大切にする**

▼

姿から考えたこと

○ **どちらの行為も、子どもの成長には必要不可欠**

○ **このタイミングだなという一瞬を逃さない**

▼

✔ 生まれた問い

「叱る」「褒める」は子どもだけのことなのだろうか？

　子どもの指導には、背中をそっと押すような「言葉かけ」が大切です
が、このことは、子どもだけに限ったことではありません。

　例えば、初任者の先生にも同じような視点が当てはまるかもしれませ
ん。失敗する前に気がつくことができれば、それとなく伝えることができ
ればスマートな先輩です。また、いい取り組みがあれば、途中で伝える
と、初任者の先生の自信になります。

　子どもも大人も、最終的には自信をつけることで、次のいい行動につな
がります。そのための支援として、言葉かけがあるのでしょう。

　単純な「叱る」「褒める」のイメージから離れてみましょう。具体
的に、今後どうなったらいいか？考えて、かける言葉を選んでみる
必要がある。これからにつながる言葉かけを。

友達関係ができていく過程を大切にする

　初任者の頃は、新しいクラスになったときに、みんな仲よくしてほしいと思い、いろいろなゲームや遊びを企画しました。面白おかしいこともたくさん準備しました。

　しかし、深い意図はなく一時的な「楽しさ」だけで終わってしまい、少しずつクラスの「ひずみ」につながっていました。

　理由は、友達となっていく過程に目を向けていかなかったからです。

　特に、今日ではスマホ等の登場により、ある意味でより人間関係をつくりにくくなっています。

　また、子どもたちの遊びがだんだんエスカレートしていき、誰かをけなして（＝ばかにして）大きな笑いをとるような雰囲気を、先生自体が黙認してしまうこともあるかもしれません。

4月、校外学習でプロジェクトアドベンチャー（PA）に参加しました。子どもたちが参加しているときは「担任の先生は、遠目で見守ってください」と言われました。担任の私には、気になる子がいました。それはAくんです。Aくんは、小学校のとき不登校気味で欠席も多かった子でした。

　そんな心配をよそに、いろいろな活動が始まりました。その中で、竹を半分にしたものをつないで、みんなで協力してビー玉を遠くまで運ぶ活動になりました。Aくんは、一列に並んだ最後の方にいました。

　意外とビー玉を運ぶ活動は難しく失敗もたくさんもありました。簡単に最後までつながりません。もちろん、Aくんのところまでたどり着きません。

　インストラクターの支援もあり、みんなが応援や失敗のあとの声かけもスムーズになってきました。それまで黙っていたAくんですが、何かのきっかけに小さな声で応援をするようになりました。なんとなくみんなが一つになっていくような感じになりました。

　その結果、ビー玉は順調に転がり、Aくんのところも無事に通過して最後までたどり着くことができました。みんなが成功をよろこび、ハイタッチをしていました。もちろんAくんも近くの子とハイタッチをしました。

　子どもたちの人間関係は、ともに時間を過ごし、いろいろな経験を得るなかで育まれることを改めて痛感しました。失敗も含めて、経験する時間をつくったり、大人が待つことも必要なのです。

○ **友達づくりには楽しいことが必要だと思っていた**

・「楽しさ」が一過性のものに

・面白おかしさに焦点があっていた

・「楽しさ」のために傷つく子もいたかもしれない

▼

○ 何かを成し遂げるためには、みんなが協力していい関係であることを学ぶ

○ 誰でも失敗することがあり、それを支えることが必要なことを知る

▼

○ 本当の友達になるためには「人を信頼するこころ」が欠かせない

○ 「信頼」は活動を通して育っていく

▼

✔ 生まれた問い

「本当の楽しさ」とは、どのような状態になると生まれるのだろうか？

　友達づくりの視点で、例えば「行事」を見直すと、一般的に目標になる優勝や金賞が別物に見えてきました。

　勝ちだけに視点がいくと、人間関係を築くときに必要な意味のある「失敗」が許されなくなってしまうかもしれません。

　優勝や金賞は1クラスだけにもらえるものです。しかし、行事を通した人間関係づくりは、どのクラスでもできることです。

　結果を問わず、「楽しさ」を見出せるクラスになれば最高です。

友達づくりのポイント

　まずは、担任自身が「人を信頼するこころ」の持ち主であり、そのモデルになる。先生の言動が、子どもたちにも伝わるようになる。

「学級通信」は子どもたちの笑顔を生み出す

　学級通信（または学級だより）を出す姿を子どもの頃も教育実習でも見てきました。そのため、初任者の頃、ぜひ学級通信を出していこうと張り切って取り組みました。

　しかし、なかなかうまくいきません。

　その理由は、時間がたくさんかかってしまったからです。

　イラストを入れて、保護者の向けのメッセージを書いて……とさまざまなことを書いているうちに時間がかかり、書くのも億劫になってしまいました。

　そして、なぜ、学級だよりを出すのか。その理由もあまり見いだせないでいました。そのため、だんだんと疲れてきて、しまいには通信の中の内容も少なくなってきました。

あるとき、一人の女の子がうれしそうに私のところにやってきて言いました。

「昨日ね、私、家で褒められたの」

　理由を聞くと、学級通信がきっかけでした。

　学級通信にその子の作文を載せたところ、おうちの方に褒めらえたというのです。

　そのころ読んだ本にも学級通信を書くと、子どもは何度も褒められるという記事を見て、このことだと思いました。イラストや保護者のメッセージも大切です。しかし何よりも大切なことは、子どもたちが通信を読んでうれしい気持ちになる。そして家庭に持ち帰るとさらに褒めてもらうことが一番だと思うようになりました。そうしたことがあって、私の伝えたいことも伝わるのだと思いました。

　また、このエピソードは20年ほど前のことでしたので、デジタルカメラもまだまだの時代。データが重くて保存も難しい時代でした。それでも、写真に自分の子どもが載っていると「僕がいる！」「私も！」と声が上がります。今では、それが容易にできるので大変便利な時代になりました。

　もちろん、すべての子を同じぐらいで載せていくことは大切です。「なぜ、僕だけないのか」という気持ちにさせてしまっては逆効果ですので、配慮はしなければいけません。一人の女の子の一言から「一番伝えたいことは何か」が明確になりました。

○ **とにかく、通信でいろいろなことを伝えよう**
・意図が明確でないイラストの使用
・たくさんのメッセージで子どもも読まない
・時間が多くかかってしまう

○ **通信で読んでもらえてよかった**
　自分の名前が載っている喜び
○ **おうちの方に褒めてもらった**
　課題よりはよいことを伝えたい
○ **通信読みたいな。みんなの文も知りたい**

○ **通信は子どもたちを「笑顔」にするもの**
　お説教は必要なし
　読むと誰もが嬉しいものにする
○ **通信で本当に伝えたいことは何か**
　担任として伝えたいことを明確にする

✔ 生まれた問い

通信を書くことを含め、担任の仕事をする上で意味や意義を明確にすべきではないか？

　その女の子の発言の後、「家ですぐ読めるように」「子どもたちの声（作文や発言など）をたくさん載せる」「イラストは大事なときだけ使う」「時間をかけず一つのテーマでつくる」「一枚にたくさんの情報は載せない」などと自分なりの通信のルールを決めました。

　そして、何よりも「読んでいて、子どもたちは嬉しいと笑顔になる」ことを心がけました。

　そのおかげで、毎年200枚近く出せるようになりました。もちろん、うまく出せない年は無理しないことにもして、子どもたちに自分の声で伝えることも大事にしました。朝の会で子どもたちも通信を読むのが日課となりました。

学級通信のポイント

　なぜ、学級通信を出すのか、そのポイントと自分なりの書き方のルールを決めると時間もかからず、子どもたちにとってもよいものになる。

「日記指導」は一人ひとりと
つながることを目的にする

　以前の私は、そもそも日記指導というと、文章を書く力を育てるための
ものと考えていました。文章を書くことに慣れ、文章表現を豊かにし、書
く力を育てるために日記指導をする、そんなイメージでした。

　ですから、誤字脱字や句読点、構成などを中心に赤ペンを入れていまし
たし、ペンをいれたものを子どもに返却するのも、日記を書いて数日経過
してからということがほとんどでした。毎日ではなく、月に数回、課題に
するという頻度でした。

　また、学年や学期の最初の日記には、必ず「抱負を書く」という課題に
何となくしていました。目標をもってスタートさせたいという教師側の思
いからだけでした。

　ですから、もしかすると日記の内容には、子どもたちの「本当の思い」
はなかったのかもしれません。

卒業を控えた時期、卒業式の卒業表現に向けて、小学校生活の思い出や学んだことを振り返り、ワークシートに残すという時間を取りました。そのワークシートの最後に「先生へ一言」という欄を設けたのです。すると、担任である私へのメッセージとして、ある女の子が下記のような言葉を綴っていました。

　「先生は、平等だと思いました。悪いことをした子にもしっかり怒ってくれるけど、次によくなるように、信じてくれている」

　この女の子は、前に出ないタイプの子で、女の子本人が叱られるタイプの子ではありませんでしたし、学級をリードするタイプでもありませんでした。「こんなにも、担任である私のことを受け止めてくれていたのか…。なのに私は、この子にどれだけの言葉をかけてあげられただろう…」

　反省の思いで胸がいっぱいになりました。学級には、色々な子がいます。リーダー的存在の子や問題行動が多い子、そのような目立つ子にばかり、担任の目が行きがちです。でも、子どもたちは一人ひとり担任とつながることを待っている。むしろ、子どもの方が担任を理解しようとし、受け止めてくれているというその事実を、改めて感じました。担任である私が、もっと子どもたちとつながり、思いを届けていかなければならないと、強く感じた経験でした。

○ **日記指導は、書く力を育てることが目標**
・内容ではなく、分量を多く書くように指導
・文章構成の指導
・教師からの返却は数日後

▼

○ **子ども自身の思いではなく、うわべの言葉で文章を綴る日記になっていた**
○ **教師が思う以上に、子どもは担任を受け止め、理解しようとしてくれている**

▼

○ **子どもたち一人ひとりと担任は丁寧につながるべき**
○ **子どもの思いを真摯に受け止め、子どもと心を通わせながら、子どもたちの心を磨いていきたい**

▼

✔ **生まれた問い**

子どもには、普段から思いを伝える場が必要で、日記の中で、担任と子ども一人ひとりがつながることが必要なのでは？

114

　そこで、日記指導は、書く力の育成を目標にするのではなく、一人ひとりの子どもと担任が思いをつなげることを最大の目標としました。気まぐれに日記を課題にするのではなく、スタート時の4月と通常授業の始まる5月で、課題にする頻度を分け、教師自身が意図をはっきりともち、日記指導をするようになりました。

　毎日返事を書くことはたいへんそうに思えますが、ポイントは毎朝提出しているかどうかをチェックしながら、内容をざっと読み、悩みや学級の問題を書いている日記帳をピックアップしておきます。休み時間や空き時間に、ピックアップしたものからしっかり返事を書きます。その後で、急ぎではない内容のものに返事を書きます。

日記指導のポイント

　日記は書く力を育てることより担任と子ども一人ひとりが語り合い、子どもの心を磨くことに重きを置いた指導にしていく。
　担任が子どもの悩みや問題を即座にキャッチし、解消していく手立てとしても有効。

「給食指導」で子どもに育てたいものは何かを考える

　初任者時代、どうすればよいかわからなかったことの一つに、給食当番の仕組みづくりがありました。初任者のときは学年主任のクラスはどうしているかを聞き、同じように当番のシステムをつくっていました。給食当番の人数、担当する仕事を割り振り一週間で交代。なぜそうするのか、その意図を自分で考えることもせず、「主任がそうしているから」とただ同じように円盤ルーレットをつくり、仕事を機械的に割り振りました。

　初任から6年間は低学年を担任することが多く、汁物は教師が盛り付けるといった暗黙のルールや、時間内に終わるよう教師が手助けをする場面がいくつもありました。それが当たり前のように思っていました。

　給食当番は「みんなでしなければならない仕事」「平等が大切」と考えていました。

初めて6年生を担任したときのことです。それまでの担任経験で低学年が多かった私にいつの間にか身についていた、子どもに余計な失敗をさせたくないという物言いや配慮は、6年生にとっては、余計なお世話だったようです。

　それを教えてくれたのは、Aさんの「低学年に言うみたいでいやだ」の一言でした。自分のリーダーシップは子どもたちの意欲を妨げるものになっていたのかもしれません。そこで、見守ることに比重を置き、自主性を伸ばすリーダーシップへの転換に努めました。

　給食準備時間は「何か手伝うことはない？」と聞いても「ありません」「大丈夫です」とAさんをはじめとしたしっかりした女子たちに言われました。やることがないため、見守りつつ、宿題のチェックをしているうちに自分たちで準備を整えていました。時には多少時間がかかっても自分たちですべてやり遂げることを優先しました。

　「自分たちでできる」という気持ちもスキルも高かったため、ほぼ任せました。見ていると、やり取りの中でその子によって盛り付ける量を変えている場面もありました。盛り付け量の平等性やスムーズなシステムづくりにのみこだわることより、子どもたちの自主性など、育てたいものにより指導のスタンスやシステムづくりを変えることが大切だと考えるようになりました。

子どもと出会う前

○ 給食指導をいい加減にすると荒れを生む一因になる当番の仕事や盛り付け、お代わりなどにおいて平等にすることが大切

○ 給食を食べる時間を確保するため、いかに準備時間を短くできるシステムにするか

▼

出会った子どもの姿

○ 自分たちでできることにまで口を出さないでほしい、自分たちでやりたい

▼

姿から考えたこと

○ 時間や平等性を重視したシステムだけを重視するのではなく、子どもの実態により優先させるものが変わることもある

○ 給食準備でも自分たちでやりたい自主性、仲間のために役立つ貢献感を育むことができる

▼

✔ 生まれた問い

「給食」を通して、学級の子どもたちの何を育てるのか？　平等性か？自主性か？　貢献感か？

　その後は、低学年では子どもがいろいろな仕事を経験すること、成功が自信となることを考慮し、教師が手を貸しながらでも、最後は「できた」「時間内に終わった」などの成功体験となるような給食指導の場としてきました。

　中・高学年では、「子どもは自分たちでできる」「したい」と思っている気持ちを尊重しながら、手を貸したい、その方が早いと思う気持ちをぐっと我慢し、見守ることもときには大切だと思えました。

　近年は、感染症対策もあり、給食の準備は教師のみでしなければならなくなった部分もありますが、そのときの子どもたちの実態に応じ、どの部分を育てるか、伸ばすかの優先順位をつけた給食指導を行うようになりました。

給食指導のポイント

　自分の指導のこだわりを貫くのではなく、受けもった子に「給食指導」で何を育てるかにより、システムやリーダーシップが変わってくる。

自分たちの「係活動」にやりがいを感じられるようにする

　若手の頃は、係活動の目的や意義についてあまり深く考えられていませんでした。私自身が小学生のときにも係活動があり、どの学級でも係活動の取り組みがされていたので、「学級には係活動があるもの」としか捉えていませんでした。

　学級には、掲示係・生き物係・お楽しみ係など、子どもたちが考えた係がありました。毎回、似たような係が多かったです。子どもたちも、これまでの学年で取り組んできたことを土台に考えていました。

　いつも4月当初は一生懸命頑張るのだけれど、段々活動が停滞する様子が見られました。また、一部の子は頑張っているにもかかわらず、徐々に活動をサボる子も出てきます。

　そのような子に対して、「みんな頑張っているのに何をしているんだ」と叱ったり、みんなで一緒に取り組むことの大切さについて熱く語ったりしていました。「みんなで一緒に取り組むこと」「自分だけサボらないこと」を押しつけていたように思います。

ある年、「パフォーマンス係」という係がありました。自分たちでつくった劇や流行っている歌を披露する係です。これまで私が受けもった学級にはなかった係だったので、「これは必要なのかな？」「これは係活動なのかな？」なんてことを思っていました。

　パフォーマンス係は、月に2回学級のみんなに劇や歌を披露していました。そのためにしっかりと話し合ったり、練習をしたりしていました。みんなに披露すると、係の子も学級の子も笑顔になっていました。たくさんの拍手をもらって、係の子はとても嬉しそうにしていました。

　他の係は、少しずつ活動が停滞していくにも関わらず、パフォーマンス係はずっと活動を続けていました。途中でサボる子もいません。

　最初は「どうしてなのだろう？」と疑問に思っていましたが、活動している様子を見て「このパフォーマンス係にはきちんと自分たちなりの目的があるから」ということがわかりました。

　「みんなの役に立つ係」というよりも「みんなの笑顔を生み出す係」でした。活動している自分たちも笑顔になれるからこそ、続けられるのでしょう。係活動の目的や意義を子どもたち自身が感じていると、「サボらないことが大切」「みんなで一緒に取り組みましょう」なんて声かけは必要ありません。

子どもと出会う前

○ 「係を決めて、活動できるようにすればよい」としか
  考えていなかった。
・いつも同じような係しか出てこない
・やる気があるのは 4 月当初だけ
・サボってしまう子に厳しく指導する

▼

出会った子どもの姿

○ 自分たちのパフォーマンスを見てもらう係は、活動し
  ている様子がとても楽しそう
○ 教師から「係活動を頑張りましょうね」と伝えなくて
  も、ずっと楽しそうに活動し続ける

▼

姿から考えたこと

○ 活動が続く係は、自分たちの活動そのものが楽しく、
  やりがいを感じている
○ これまで私は、子どもたちに「役に立つ」係ばかりを
  求めてきたので、活動することが徐々に楽しくなくなっ
  てきたのだろう

▼

✔ **生まれた問い**

係活動の目的についてきちんと考えることで、子どもたちの係活動は充実
するのではないか？

　4月当初に何となく係活動を決めるのではなく、まずは子どもたちと一緒に係活動の目的や意義を考えるようになりました。単に「みんなの役に立つ」だけでなく「みんなが笑顔になる」ことも大切にしていけるようにもしています。

　子どもたちが、自分の係活動にやりがいをもてるようになると、自然と活動し続けるようになりました。子どもたちからもたくさんの笑顔が見られるようにもなりました。

　適宜、「最近はどうですか？」「次に取り組みたいことは何？」と声かけをして、子どもたち自身が自分たちの活動を振り返ったり、絶えず目的を意識したりすることができるようにもしています。

係活動のポイント

　「みんなの役に立つ」だけでなく、「みんなが笑顔になる」係活動になれば、子どもたちが自分の活動にやりがいを感じられるようになる。係活動の目的や意義を共有することで、子どもたちは主体的に活動しようとする。

班活動によるコミュニケーションでまずは話せる関係をつくる

　班活動というと、班長、副班長（書記）、配布、健康など役割を決めて分担し、毎週交代。それが2周する約2か月で席替えをする…そのようなシステムで学級運営に取り組んできました。

　ある年、前年度に学級内のグループ間で対立するトラブルが続き、自分の考えを安心して表現する姿が見られない学級を担任したときのことです。安心して自分を出せる、誰とでも話せる環境にしたいと思いました。

　そこで、座席の班活動だけにせず、くじや選んだもので活動する班をつくるといったことを多く取り入れ、関係性が固定化しすぎないよう、いろいろな人と話せるよう仕組みを変えました。そして、朝学習や学級活動の時間にミニゲームやトークタイムを行い、話せる人を増やす、仲間の見方を変えるよう関係づくりを意識した活動を組みました。

班を中心とした関係づくりのために行った一つが授業や活動の中で見つけたよさや素敵な姿をカードに書いて渡すことです。仲間の素敵な行動、ありがとうの気持ちを伝えようとハートのカードにメッセージを書きます。友達のよさを見つける目を育てる、これまでの見方を変える、子ども同士の関係をつくることをねらいにしました。

　あるとき、日記にBさんが「（ハートカードに）何を書いたらいいかわからない、自分は人のいいところを見つけられない」と書いてきたことがありました。子どもの中には人と枚数を比べたり、書けないことを悩む子がいたのでした。

　私は「人のよさを見つけられるにはどうしたらいいか」を班活動でのおしゃべりタイムのお題に提供しました。

　・体育とか算数とか時間を決めてその人を見る

　・「何書いた？」と誰かに聞く

　・他の人が書いたカードを見る

　・日直、係の仕事をした人とかいつも決めて書く

　何を書こうか悩む子は他にもいたようで、わいわいと話し合い、アイデアを出し合っていました。アイデアは学級で共有しました。

子どもと出会う前

- カードの交換そのものに価値があると考えていた
- カードを 1 枚ももらえない子がいないようにするためにも書く相手は教師が決めておこう

▼

出会った子どもの姿

- カードに書くことが思いつかない、決められないから書けない
- なかなかカードが書けない自分はいいところを見つけられないと思ってしまう

▼

姿から考えたこと

- カードを書いて渡す・受け取る活動で関係づくりにつなげたかったが自信をなくす可能性もある
- いくつか例示し、どんなところに注目するか示したり、他の子たちに聞いてみたりする
- 人のいいところを見つけ、それを伝え続けることで関係をつくっていく

▼

✔ **生まれた問い**

ハートカードの活動を通し、関係づくりをしながら自分も他者も肯定していくためには？

　まずはやりとりの一定量を確保したいとハートカードは帰りの会の前に毎日書くことにしました。一定量書き続けることで質も変わってくると考えたためです。帰りの支度の時間差により個人差はありましたが、続けていくうちにBさんも2枚目が書けるようになっていきました。また、受け取ったカードは台紙に張り、それを見せ合うことで「どんなことを書こうか悩む人は参考にしてね」という声をかけ、よさを見つける観点や内容の例示にしました。最初は、「同じ組（赤白）の人」「算数で頑張った人」「学習班が同じ人」など注目する観点を示していましたが、途中から「フリー」とし、誰に書いてもよいことにしました。

　定期的に自分のところに配られるハートカードは、台紙に貼り、ためていきました。自分の頑張りや友達からの感謝の言葉を読み、そっと笑っていた子どもの姿が、この活動を年間で継続した理由です。

　学級で自分の内面を出せるようにするためには、まずは少数の班活動でのコミュニケーションを繰り返し、自分を肯定的に見てくれる、温かいメッセージを交わせる仲間の存在を増やすことが大切だと考えます。

班活動のポイント

　人には必ずあるよさや素敵な姿を見つけ、伝える活動を継続することで関係をつくる。

行事の発表内容と方法を子どもたちに任せることで育てる

　運動会、持久走記録会、音楽会、総合学習発表会といった学校行事は、通常の時間割変更も多く、教師側の準備にもかなり時間がかかります。私のアイデアにも限りがあるし…と学年に１クラスの小規模校に勤務していた際、行事にかかるコストと子どもの成長が釣り合わない、しんどいという気持ちが先行していた時期がありました。

　学校行事などの活動は、そのねらいに応じ、教師が中心となってシナリオをつくり、それを子どもたちに提示し、練習して発表当日までに仕上げていくことをあたりまえと思っていました。

6年生担任の際、その学校では総合学習の発表を行う「発表朝会」という行事がありました。私は、「発表朝会のねらいは、その活動を通して何を学んだか、どのような点で自分たちが成長したかを下学年にわかるように伝えること」と話し、発表の細かい内容や伝え方を子どもたちに思い切って任せることにしました。子どもたちにはこれまでの経験もあるし、その年は話し合いを重ねてきていたため、それらが生かせるのではないか、6年生として子どもたちが自分たちで計画し、実行し成功したという経験を多くさせたいと考えたためです。

　子どもたちは、学級委員を中心に話し合い、総合学習で訪問した先やテーマごとにチームをつくり、そこに劇やクイズを取り入れて発表しようと決めました。決めた後はチームごとに分かれて流れを考え、セリフをつくる、というように進めました。

　発表前のリハーサルでは、互いのチームの発表を見合った後、「アドバイスをお願いします」と言い、意見を出し合っていました。

　「ここはわかりにくい」「小道具があるといい」「もっと耳が遠いということがわかるような演技をするといいと思う」などの代案が出され、修正されていきました。

　子どもたちのやりとりから、施設訪問の共通体験と自分たちの感じたことを下学年に伝えたいという目的意識の共有が、発表内容の考案と修正のためのアドバイスの活性化につながったのだと考えます。

- 行事や発表時の内容は、教師が決めるもの
- 行事や発表までの時間を逆算し、段取りよく進めていかなくてはならない

▼

- 最高学年として下級生に、これまで学んできた姿を見せたい
- 年間を通じ、日々の生活の諸問題を自分たちで話し合って決めてきた

▼

- 行事の最初から、自分たちで決めてやり遂げたことで大きな自信をつけた
- 教師の願いを伝え、子どもたちに主導権を預けることで信頼を示すことが、時には信頼関係づくりにつながる

▼

✔ 生まれた問い

行事という発表当日の場だけでなく、その企画・準備から子どもたちを参加させてみてはどうか？

　発表会当日は伝えたいことを伝え切り、全校からもらった多くのコメントにみんなで満足感を味わいました。思い切って子どもに任せることで成功をおさめ、子どもたちが「自分たちでやり遂げた」と達成感を実感できた経験でした。

　この経験は私にとっても大きなものであり、授業でも行事や発表場面でも、自分たちで問題を課題と捉え、話し合って実行し、解決を志向する姿を育てたいと考えるようになりました。

　そのために教師は、教えるべきことは教え、集団を安心と温かい雰囲気に育てながら、課題解決のための話し合いを継続し積み重ねる必要があります。そして、任せた活動に関心を払いながら、見守ることができる教師でいることが大切だと子どもから学びました。

行事活動のポイント

　子どもに任せることが日々の素地づくりと思い切って任せて見守るという過程が、行事での成長を加速させる。

「けんか対応」は「未来」を見据え、「成長のチャンス」にする

　私は、「けんか＝問題のある学級」と考えていました。けんかが起きると、他の先生から悪く思われるのではないか、保護者から苦情がくるのではないかなど、子どもたちのことだけではなく、自分の身を守ることを心配していました。そのため、けんかの原因や子どもたち一人ひとりの思いなどに耳を傾けようとせず、けんかが起きている「いま」の状況をどう解決するかばかり考えていました。喧嘩両成敗と言わんばかりにけんかしていた子たちを叱り、お互いに謝罪させることで指導が終了したという勘違いをしていました。

　けんかの原因が解決されていないので、当然子どもたちは納得していません。次の日も引き続きけんかが起きたり、不穏な関係が続いたりしていきます。さらには、子どもたちにとって納得のいかない指導を繰り返す私に対しても不信感をつのらせ、教師と子どもの関係にも溝ができていきました。保護者からもけんかが続くことや私の指導について、苦情が届くようになっていました。

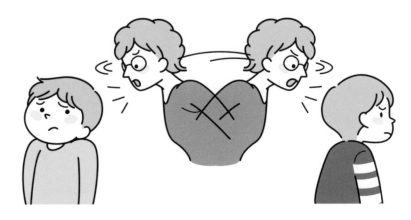

Aさんは、私と2人で話をしているときは「私がB子に悪口を言ったからいけなかった」と素直に話します。しかし、いざB子を前にすると、憎まれ口を放ちけんかを繰り返していました。あるとき、「A子は、わざとB子が怒ることを言っていない？」と尋ねました。すると、「B子と仲よくしたい。でも、私のことを皆が意地悪だと思っているから、悪口を言ってしまう」と涙ながらに語ってくれました。そのときに、A子の放つ「バカ」などの悪口の裏には、「仲よくしたい」という思いが隠されていることに気づきました。

　「仲よくなろう」と素直に言えないから、悪口を言うことでつながろうとしていたのです。私はけんかを繰り返すA子に困っていましたが、実は困っていたのはA子だったのです。そして、A子が素直になることを阻んでいたのは、私の知らないA子自身の「過去」だったのです。このときに、けんかの原因や子どもたち一人ひとりの思いに耳を傾けなかった私の指導の足りなさに気づきました。そこでけんかの原因はもちろん、皆から意地悪と思われているという「過去」などについてじっくり話を聴きました。さらに、B子にもA子への思いなどを聴きました。すると、けんかを繰り返す「いま」には、「過去」の納得していない出来事が関係していることも話してくれました。2人とも共通して、「仲よくしたい」という「未来」を見つめていました。これをきっかけにA子とB子は、仲を深めていきました。

子どもと出会う前	○ けんかが起きている「いま」の状況を解決すればいい ・「けんか＝問題のある学級」と考え、子どもではなく自分の 　ことを考える ・子どもの思いなどに耳を傾けず、喧嘩両成敗 ・お互いが謝罪することで、指導終了

▼

出会った子どもの姿	○ 自分の言動を反省していても、再度憎まれ口を放ち、 　けんかを繰り返す ○ これまでの「過去」が、「いま」素直になることを阻ん 　でいる

▼

姿から考えたこと	○ 子どもの「いま」の姿には、子どもたちの「過去」の 　物語が関係している ○ 子どもの思いなどを、時間をかけてじっくり聴く ・「バカ」の裏には「仲よくなろう」が隠れている ・思い描いている「未来」を共有する

▼

✔ 生まれた問い

「けんか＝問題のある学級」ではなく、困っている子どもに目を向けた
り、子どもたちの成長を促したりするチャンスではないか？

　けんかに対して、私は「けんか＝成長のチャンス」と捉えるように変わりました。学級には、性格や考え方、家庭環境などがちがう集団が生活をしています。ぶつかり合うのも当然です。けんかが起こらない学級など、ないのではないでしょうか？

　一見マイナスに思えてしまう「けんか」も、子どもたちの関係のほつれを解く「成長のチャンス」だと捉えると、プラスに見えてきました。何もオドオドすることはありません。じっくり子どもの思いに耳を傾けることで、「先生は、話を聴いてくれる」と教師と子どもの関係を深めていくチャンスになっていきました。子どもたち一人ひとりを大切にした対応をしていると、保護者も安心してくれるようになりました。

けんか対応のポイント

　けんか指導は、「納得」「平等」がポイント。けんかは、誰にとっても気持ちよくない。困っている子として捉え、じっくり話を聴き、「納得」できる対応を心がける。その際に、どちらかの味方をしていると思わせないような「平等」な対応が大切。

「いじめ対応」は事後指導ではなく、未然防止に力を注ぐ

　私が中学1年生の頃、部活の先輩数人から呼び出され、脅されたり暴行をされたりという「いじめ」に合いました。今でも、深い傷として心に刻まれています。また、そのときの教師の対応にも不信感がありました。それだけに、「いじめから子どもたちを守れる教師になりたい」という強い思いをもって、教師になりました。

　「いじめ」が発覚すると、「いじめられた子の力になりたい」という思いから、「いじめた子」に対して厳しく指導をしていました。「いじめられた子」の代わりに教師が厳しく叱ることで、「力になった」という勘違いをしていました。また、周りで見ていた子に対しても、「知っているのに言わないなんて、いじめているのと同じだ」などと叱っていました。

　また、「いじめられている子を守りたい」「いじめる子が悪い子」という思いから、「事後対応」には力を注いでいました。ただ、そこには「なぜいじめが起きているのか？」と背景を見ようとすることや「教師として未然に防ぐことができたのでは？」という視点が不足していました。

私は、Ａさんに対して何度も「いじめ」の指導をしていました。それにも関わらず、悪口やちょっかいを繰り返すため、他児童の保護者からも連絡が入りました。対応に迫られた私はＡさんに対し「何度言ったらわかるんだ」などと、一方的な指導を行っていました。見かねた隣のクラスのベテランの先生が間に入り、Ａさんの話を聴き始めました。すると「Ａさん自身も、みんなから恐れられていることに気づいているが、ちょっかいを出す以外にどうつながればいいかわからないで困っている」ことなどを語り始めました。「いじめるＡさんは悪い子」と思っていましたが、Ａさん自身もどうつながっていいのか困っていたのです。人との関わり方、つまりソーシャルスキルが不足していることが、間違った考え方や行動につながっていたようです。

　指導を終えた後に隣のクラスの先生が、「問題が起きてからの指導ではなく、未然防止に力を入れて安心できるクラスにすることが大事だよ」と教えてくれました。隣のクラスを参観に行くと、子どもたちが笑顔で授業を受けていたり、男女関係なくつながったりしている様子が見られました。私のクラスとは、大きなちがいでした。隣のクラスから学んで、帰りの会にペアの子と褒め合う活動を１週間導入すると、それまでの殺伐としたクラスから少しずつ子どもたちの笑顔が見られるようになっていました。「いじめ」が起きていたのは、私の指導にも問題があったことに気づきました。

子どもと出会う前

○ **いじめは、いじめる子の問題**
・いじめが起きてからの事後指導が中心
・いじめられている子を守るために、教師がいじめた子を厳
　しく指導する

▼

出会った子どもの姿

○ **いじめている子も、困っているから間違った考え方や
　行動につながっている**
○ **教師が未然防止に力を注ぐことで、子どもたちが笑顔
　になる**

▼

姿から考えたこと

○ **いじめに至る背景に目を向けることが重要**
・なぜ「いじめ」という行動につながったのか
・なぜ周りで見ていた子が言えないのか
○ **事後指導ではなく未然防止に力を注ぎ、安心できる学
　級をつくることが重要**

▼

✔ 生まれた問い

子どもたちが安心できる学級をつくることが、いじめ防止だけではなく、
一人ひとりの笑顔が輝く学級につながるのではないか？

　「いじめから子どもたちを守れる教師になりたい」という思いから、事後指導に力を注いでいました。しかし、未然防止に力を注ぐことが、「いじめた子」、「いじめられた子」、「周りで見ていた子」を生むことなく、「子どもたちを守ること」につながることに気づきました。「安心できる学級」は、「いじめを防ぐ」という防衛的な指導だけではなく、「子どもたちの力を引き出し、成長を促す」という開発的な指導にもつながります。「いじめ」というマイナスな事案が減少しただけではなく、「子どもたちが輝く」というプラスな状況が増加していきました。

　さらに、「いじめ」という行動につながっている背景を見ようとすることで、厳しく叱るだけではなく、ソーシャルスキルの必要性に注目するなど、その子に寄り沿った指導にもつなげることができました。

いじめ対応のポイント

　いじめ対応は、事後指導ではなく「安心できる学級づくり」がポイント。たとえ「いじめ」が起きても、「いじめた子」を厳しく指導するだけではなく、一人ひとりの背景にある課題や問題に寄り添うことこそ、状況の改善や子どもの成長につながる。

「不登校対応」は子どものありのままを受け止め認める

　私は、5年生のAさんを担任しました。Aさんは、4年生まで不登校傾向でした。4・5月は順調に登校していましたが、6月になると、少しずつ遅刻することが増えてきました。そして、ついには欠席。担任としての責任感と不登校にさせたくないという思いから自宅に押しかけ、Aさんに欠席の理由を問いただしました。すると、「Bさんが私を睨んでいる気がする」など、はっきりしない理由を語りました。次の日登校し、Bさんのことが勘違いだとわかっても、次の日はまた欠席。だんだんと、欠席の理由も語らなくなってきました。

　ある日の朝、教室にいた私に内線が鳴りました。Aさんの母親から学校に電話が入り、「車で正門まで来ているが降りようとしないから助けに来てほしい」とのことです。駆けつけてみると、母親が泣きながらAさんを車から降ろそうとしていました。私も一緒になって、「学校は行かんといけんのんよ」と言いながらAさんを無理やり降ろし、教室に連れていきました。その後Aさんは、学校に来なくなっていきました。私は「学校は登校するもの」と考え、Aさんの心に寄り添うことを大切にするのではなく、私の価値観を押しつけることを優先してしまっていました。

中学に進学したAさんがA、小学校に遊びに来てくれました。Aさんは毎日、中学校に登校していました。雑談の中で、「なんで小学校のとき、学校に来られなくなったの？」と尋ねてみました。すると、「自分でも、よくわからない。ただ家の中もごたごたしていた。自分のこともよくわからなくなっていた。そして、学校に行かないことで、家族や先生などにも迷惑かけている自分も嫌になっていた」と教えてくれました。

　Aさんを担任していた当時の私は、「学校は登校するもの」という考えと、「学校に来られないのは自分の責任ではないか」という思いから、Aさんの心に寄り添うことよりも、「Aさんが学校に登校すること」ばかりを考えていました。その結果、Aさんに劣等感を抱かせ、家庭だけではなく学校からもAさんの居場所を奪ってしまっていました。当時の私も、Aさんのことを親身になって考えていたのです。しかし、その方向性が間違っていました。

　私は、「学校に来られないのはなんで？」「友達になんか嫌なことをされたの？」「問題は解決したのだから、明日は来られるでしょ？」など、Aさんが「学校に来る」という答えありきで問題を解決しようと関わっていました。きっとAさんは、「問題を解決してくれる人」を求めていたのではなく、自分のありのままを受け止めてくれ、「しんどいよね」と「気持ちを理解してくれる人」を求めていたのだと気づきました。

○「学校は登校するもの」という考え
○子どもの心に寄り添うことよりも、教師の価値観を押しつける

▼

○子ども自身も不登校になっていた理由は、わからない。ただ、家庭にも学校にも、そして自分自身にも困っていた
○子どもの求めていたのは、問題を解決してくれる人ではなく、自分のありのままを受け止め理解してくれる人

▼

○「I love you. Because , you are you.」
・条件つきではなく、子どものありのままを受け止め・認める
○自分の考えや価値観がすべてではなく、多様な考えや価値観を受け止める

▼

✔ 生まれた問い

教師や学校の考えや価値観を押しつけるのではなく、まずは子どものありのままの考えや価値観を受け止め、認めることが大切なのではないか？

I love you. Because, you are you.

私が子どもたちを指導する上で、一番大切にしている考えが、

「I love you. Because, you are you.」（あなたが大好きだよ。なぜなら、あなたがあなただから）

です。

「〇〇ができるから」などの条件つきではなく、子どもたちの「ありのまま」を受け止め、認める存在でありたいと考えています。その際に、私の価値観を押しつけたり、「学校」などの枠に当てはめて考えたりするのではなく、多様な考え方を受け止めることができる、子どもにとっての「よき理解者」でありたいと考えています。

「私が困っていることをわかってくれた」と子どもたちが感じることができたら、そのことは、たとえ学校に登校することができなくても、子どもたちが自分の花を咲かせていく大きな力になっていくと信じています。

不登校対応のポイント

不登校対応は、「否定しないこと」がポイント。「学校に行けていない」というだけで、子どもたちは自己否定的に考えがち。否定するのではなく、「ありのまま」を受け止めることで、子どもたちの心の栄養を与えていく。そして、解決には時間がかかる。

「個別（生活）支援」は子どもと同じ目線で支援する

　初めて1年生を担任したときのこと。何をしていても新鮮な驚きがあり、感情豊かに表現する子どもたちと過ごす時間は楽しいものでした。初めはみんな同じように頑張っていましたが、時間が経つにつれて、一人ひとりのちがいが顕著になってきました。

　中でも目を引いたのはSさん。入学前の引き継ぎでは、在籍していた幼稚園からの申し送り事項はほとんどなく、あまり気に留めていませんでした。しかし、段々と学習に参加できないことが多くなり、登校も遅刻ギリギリに。教室に入ってからは準備に時間がかかり、支援員さんとあの手この手で急がせる毎日。次の時間に行事などがあるときは、「急ぎましょう！」と急かすと泣きじゃくって手がつけられない始末。「なんとかみんなと同じ流れに乗せなければ」「1年生のうちに、学校の流れに慣れさせないと」と焦ってしまい、私がランドセルの中の荷物を勝手に取り出して支度を間に合わせることがよくありました。

そんな状況が続いた日、帰りの用意をしているときのこと。Sさんは帰り支度をするのにも時間がかかり、帰りの会が始まっても支度が終わりません。教師や支援員さんが支度をしていることもよくありました。授業後、提出物を整理しているとき、ふと顔を上げるとSさんの隣に座っているAさんが声をかけていました。「これは持って帰るんだよ」「机の中から教科書を出してね」。Sさんに優しく声をかけながら、一緒に帰り支度をしています。普段は教師や支援員さんが声をかけてもなかなか進まない支度が進んでいるのです。AさんはSさんと一緒にランドセルを開き、荷物を整理しながら手際よく支度を済ませました。そして、Sさんの支度が終わると何も言わずに自分の席へ戻り、帰りの会が始まるのを待っていました。

　「もうすぐ帰りの会が始まるよ！」「自分で準備するんだよ！」などと急かすこともなく、ただ横に立って一緒に支度を済ませる。たったそれだけのことでしたが、Sさんは帰りの会が始まるまでに準備を済ませていたのです。このときに、自分のしてきたことのまずさに気づかされました。

子どもと出会う前

○ うまくできない子どもを、教師が指導してできるようにしなければならない

・時間に間に合うように急かす指導
・一人ひとりのペースも大事だけれど、全体に合わせていかなければ、という思い込み

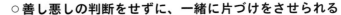

出会った子どもの姿

○ 善し悪しの判断をせずに、一緒に片づけをさせられる
○ 同じ目線に立って、望ましい行動を一緒に行う子ども

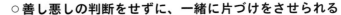

姿から考えたこと

○ 大人（教師）の都合にばかり子どもを振り回す指導しかできていなかったのでは？
○ 子どもと同じ目線に立って、共に行動したり、話したりする時間がもてていなかったのでは？

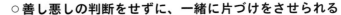

✔ 生まれた問い

子どもが小さいからといって、すべてを教師のもっている狭い枠組みに当てはめようとしていたのでは？

　以来、Ｓさんも含めて、他の子たちへの声のかけ方、自分自身のものの見方が変わりました。声をかけるときには、できるだけ明るい声で、「こうするんだよ」と何をすべきか具体的に示すようにしました。子どもたちと同じ目線に立ち、一緒に机の中を片付けたり、用具の準備をしたりすることも増えました。また、「帰りの用意をするには、最初にこれをやって、次にこれを…」と細かく指導しすぎるのではなく、「この時間までにこういう状態になっていればいい」というゴールを子どもたちと共有し、それぞれのペースを見守ることができるようにしました。子どもたちと、こうありたいという姿を共有することで、心に余裕をもって関わることができるようになりましたし、子どもたちが予想を超えた行動をすると、「すごいね！」と心から楽しめるようになりました。

個別（生活）支援のポイント

　子どもたちと同じ目線に立って支援を行う。
　「いつまでに、何ができていればよいのか」というゴールを子どもたちと共有しておく。

年度終わりの姿だけではなく、年間を通した細かな見取りを「引き継ぐ」

〈典型的な引き継ぎ項目〉
・成績
・友達関係
・アレルギー
・スポーツ
・保護者対応

　上記の項目は、次年度へ引き継ぐ際の典型的な項目リストです。だいたい、このような内容を中心にクラス替えを行い、次年度へ引き継ぎます。

　成績やスポーツの出来、友達関係などを引き継ぎますが、昨今では、アレルギーの児童が増加しており、アレルギー対応については、細かな引き継ぎを行うようになってきています。担任からだけではなく、アレルギー児童の保護者と、管理職や栄養教員、養護教諭も入って学校管理のもと、引き継ぎを行います。

　ところが、アレルギー以外の項目について次年度に引き継ぐ場合は、そのほとんどを担任だけで行います。

　その際、学年末の子どもの印象だけで担任が引き継ぎすると、担任の主観で内容が大きく左右され、実際の子どもの状況とちがうという経験が私にはあります。

　ある学年を受けもったときのことです。家庭訪問で保護者の方から相談を受けました。前年度の１学期に、友達関係でこじれた相手と同じクラスになっていて心配であるとのことでした。実際、当事者の子どもも相手の子どもも暗い表情で重たい雰囲気の４月でした。クラス替えでは友達関係も配慮します。たまに保護者から「○○さんとはクラスを一緒にして

ほしくない」など要望を言われる場合もありますが、このような要望は、すべて受け入れてはいけません。情報として参考にしながらも、担任として判断し、クラス替えを行うべきです。

　さて、前年度に大きくもめた2人の子どもについてですが、前年度の担任に保護者からいただいた心配を尋ねてみると、「実際、大きくもめました。でも、その後は、もめることもなかったので、同じクラスにしています」とのこと。もめごとがあったからといって、常にちがうクラスにする必要はありませんが、冷却期間が必要なこともあります。大きなもめごとがあったのなら、次年度は別のクラスにすることも、妥当でしょう。また、保護者から情報をもらえたので把握できたものの、大きいトラブルは、前年度の担任から次の担任に引き継ぐべきです。

　とかく、引き継ぎは担任が行うので、担任の思い入れもあって、学年の後半の様子を引き継ぐことが多いかもしれません。トラブルについても、学年の前半に起こった内容を担任も忘れがちです。または、上記のように解決したものとして扱い、引き継がないこともあります。

○ **引き継ぎ項目のみを、学年終わりの様子で引き継ぐ**

・成績や運動能力など項目別に引き継いでいた

・具体的な記録ではなく、学年終わりの様子を担任の印象と
　して引き継いでいた

▼

出会った子どもの姿

○ **大きなトラブルがあり、解決したように見えても、心
　の傷やわだかまりが残っていた**

○ **４月は、集団にも担任にも慣れている学年終わりの様
　子とはちがい、精神的に不安定になる子どもも多い。
　そこで、以前の友達関係のトラブルについてのわだか
　まりが表出した**

▼

姿から考えたこと

○ **担任のその子への思いと、一人ひとりの児童の課題を
　分けて引き継ぐべき**

○ **課題を客観的に捉えるため、年間を通した記録や専科
　教師などの捉えも引き継ぎに入れるべき**

▼

✔ 生まれた問い

担任の目線だけ、学年末の児童の姿だけでは、見えていない引き継ぐべき
課題があるのではないか？

　記録は、生活面について残します。いつ、どこで、誰が、どんなことを
して、担任がどのように対応したかについて書きます。私は、座席表を用
意して、1日1枚、座席表に記録を残すようにしました。パソコンに入力
するのもよいと思いますが、パソコン上のファイルだけでは、読まないこ
とが多いので、パソコンに入れてあるものも、プリントアウトし、ファイ
リングしました。

　引き継ぎファイルは、学校でそろえて、学年ごとにファイルをもち上が
るようにしました。進級するたびに蓄積していき、2年以上前の記録も把
握できるようにします。

　また、担任の思い入れがあることも多いし、子どもは担任の前で見せる
顔とそれ以外の先生に見せる顔がちがうこともしばしばあります。客観的
な捉えをもつためにも、専科教師や養護教諭にも入ってもらい、引き継ぎ
を行うようにしました。

次年度への引き継ぎのポイント

　一人ひとりの引き継ぎを丁寧に行うために、年間を通して、トラブ
ルなどは記録し、ファイルに蓄積していくことが大切。

　前年度だけではなく、2年以上前の事実も把握し引き継ぐように。

「SOS の出し方」は多様であるからこそ、「気づく」ことのできる人になる

　みなさん、幼少期の頃に困りごとやストレスを受けたことにより泣いたり、イライラしたりなどといった感情表現をした経験はあると思います。そのときに自分自身がその不安に気づいていたか、SOS の出し方を知っていたかと問われると、きっと [No] だと思います。つまり、子どもは発達段階に応じて、「言語化」や「手段」を学んでいくので「感情」が優位になり、本来の SOS を出すことが少ないのです。

　しかし、私は養護教諭（保健室の先生）になるに向けて、いつの日か「SOS の出し方」と聞くと SOS を発することに重きを置き、教育の中でも SOS を発する手段を学ぶことが多く、SOS を発する当事者以外についてはあまり伝えてこられなかったように感じます。

　つまり、SOS は発する当事者からの一方通行となり、他者は SOS を発されることを待つ、受け手になることから "こんな SOS があったときはこうすればいい" といった自己の学びや経験でカテゴライズをしていました。

ある日、Aさんが頭痛でたびたび保健室へ来室するようになりました。保健室には来室に至るまでの精神面や身体面、生活面を知るために来室カードというものがあります。今どんな症状があるのか、食事は摂ったかなど、質問に答える形式になっています。その来室カードを書いてもらうことで、子どものサインに気づく一種の手がかりにします。しかし、Aさんは偏頭痛で来室し、休養するも改善する見込みがみられませんでした。頭痛を改善するために保健室でできることをしたつもりでいました。しかし、休養をする方法や病院受診を促すことに重きを置き、本来のSOSに気づいたのはAさんが後日のある日に泣いて来室してきたときでした。それまでAさんは来室カードにはいつも偏頭痛と書いていたのですが、それは保健室に来室する身体的症状であり、これまで保健室で対応していたことは対処療法にしか過ぎなかったのです。泣きながら来室したAさんは「もう人がいっぱいいるところはいれない」と話し始めたことで、これまで天候などによる偏頭痛だと思っていたのが、対人恐怖や緊張による頭痛であることに気づきました。

　そして、子どもと接する中で、先程話したカテゴライズはSOSを発する当事者に対しての勝手な決めつけにしかならないのだと気づき、そのカテゴライズは氷山の一角にしか過ぎない。子どもであれ、大人であれ、「人」である限り、カテゴライズはできないことがわかりました。
　そして、SOSを出すことが少ない子どもに対して、大人は受け手にならずに「気づく」ことが必要だとわかりました。

○ **こんなときはこうすればいいと型にはめる**
・場面や状態などにカテゴライズしてパターン化する
・SOS の出し方はこうすればいいと方法を指導する

▼

○ SOS の出し方を教わったところでそもそもどういった不調・困り事なのか、気づけていなかったり、表現できない
○ SOS を出すことに不安などがある

▼

○ パターン化することで相手を決めつけることになり、本来の SOS に気づけない
○ SOS は当事者だけの問題ではなく、共に生きるからこそ他者の普段からの関わりも重要

▼

✔ 生まれた問い

SOS の出し方を知ることは重要だが、SOS を待つのではなく、SOS に気づき、早期に発見・支援することも重要では？

　子どもは①自分の不調に気づかない②SOSの出し方がわからない③SOSを受け取ってもらえるかという不安、などを理由にSOSを出しにくいことがあることから自らSOSを出すことは少ないです。そのため、子どもの変化（サイン）に気づき、拾い上げることが必要です。また、その変化（サイン）にも「目に見えるもの」・「目に見えないもの」、多種多様なものがあり、私たちの知識や経験はほんの一部にしか過ぎません。

　子どものSOSに気づくことは、日頃からの状態を知るからこそできることなのです。

SOS に気づくためのポイント

・子どもの「日頃からの状態」を知っている
・子どもの「日頃からの状態」を知ろうとする
・子どもの「日頃からの状態」との差を感じられる
・子どものサインに気づき、声をかける
・子どもの声に耳を傾ける

「保護者対応」はこちらから対応していく＝後手にならない

　学校にいろいろな要求をくれる親をもつ A さんのクラスを担任しました。学校でも有名な親御さんです。

　初任校で、まだ経験が少なかった私は、「何か言われないように……」という視点だけでした。しかし、人間は失敗をします。案の定、A さんの保護者から長文が書かれた連絡帳と、苦情の電話がありました。対応に苦労して、管理職にも入ってもらうところまできてしまいました。
　その結果、A さんの保護者に何か言われないようにすることだけが、行動基準になってしまいました。

数年後に、同様に苦情が多い保護者の方がいるクラスを担任しました。

　校外行事の関係で、Bさんの健康面のことについて確認したいことがあり、勇気をふりしぼってBさん宅へお電話しました。しかし、こちらから動いたことが、予想以上にいい結果になりました。

　Bさんのお母さんとも、いろいろなことが話せて、問題が起きる前によい関係を築くことができました。

　よく考えると、今までは苦情がきてから対応していたのですが、逆に先に伝えたことでよりよい関係になりました。

　このBさんの保護者は、このことをきっかけに私の最強の応援団長になってくれました。その後、転任するまでの数年間、Bさんの保護者が「いい先生」と他の保護者の方に伝えていただけたので、新しく担任するクラスの保護者ともいい関係をつくることができました。

○ **クレーマーと決めつけて、「いや」だと思っていた**
・「文句を言われないように」という行動基準
・マイナスの状態で対応する羽目に
・後手の行動になってしまった

▼

○ **こちら側から先に関係をつくるためのチャンスを**
○ **苦情を言うぐらいの情熱をもっている＝応援団長に
なってもらったら百人力**

▼

○ **先手の行動はなんだろうか？と考える癖があると、授
業でも分掌でも具体的な成果につながる**
○ **保護者も子どもも決めつけないことが、いい人間関係
をつくるポイントとなる**

▼

✔ 生まれた問い

苦情やクレームが多い先生と少ない先生の差はなんだろうか？

　新しいクラスを担任することが決まったら　このクラスで「問題が起きやすいことは何だろうか？」と想像してみます。

　そして、その問題が起きないようにする「一手」は、何だろうと考えていくつか策を用意します。何かが起きてから動くのではなく、問題が起きるまでに対応するための「札」を用意しておくのです。

　経験を積むと、この「札」がたくさん用意できます。経験が少ない初任者の先生は、同僚の先生に相談してみると、いいアドバイスがもらえるかもしれません。これも具体的な先手です。

　先に動くためには、優先順位をつけることも必要になります。当たり前ですが、どれもこれも同時にはできません。「これを特に先にやる必要がある！」と判断することが必要です。

子どもの表現する姿から学ぶ

● 育ちのすぐそばに

　教師の醍醐味は何でしょう。私は「子どもの育ちがS席で見放題な所」と答えるでしょう。鉄棒でうまく回れなくても何度も何度も挑戦し続ける背中、パレットを洗いながら流れる色の混ざり合う様子を味わう眼差し、「先生、見て見て！　風が見えたよ！　ほら、揺れてるの！」とカラーテープが揺れる様子にガッツポーズをする佇まい。何ができたか、何ができなかったかが問題ではないのです。その姿こそが愛おしく、私たちが大切にしたい姿です。

　子どものアンテナは鋭敏で、それだけに危ういと言えます。どんなものでも吸収してしまうからです。教師の学級運営の色によって、赤にも白にも染まってしまうのです。単に成果を求めるのか、過程を大事にするのかという二元論ではありませんが、学校は「早く結果を出す場所」ではないことは確かなのです。

　どうして学校で造形を学ぶのでしょう。絵がうまく描けるようになるためでしょうか。見栄えのよい作品をつくるためでしょうか。この本の読者の皆さんであれば、もうおわかりですね。そうです、「図工・美術でしか育めない力や心を育むため」です。

● 子どもの身体に目を向ける

　没頭しているときにぐっと近づいていく顔、すうっと彫れるように力加

減を調節して添える指先、次はどこを彫るといいか手を止めて鑑賞する佇まい。「何をつくっているの」「次はどうなっていくの」と聞かずとも、子どもたちの身体が語ってくれます。

　子どもには、その関わりそのものに学びがあります。「ああかなあ、こうかなあ」と首を傾げながら、どこから彫ろうか考えている眉間のしわに「今、表したいことを見つけようとしているな。おっ、今ひらめいたな」と見取ることができます。つくりながら、作品を少し離して見回すその手つきに、鑑賞の力を働かせていることがわかるのです。子どもたちは、そうしながら自らの感じる力や味わう心を育てているのです。

● 子どもの頭を覗く

　「先生、昨日の図工でうまく接着できなかったところ、家で試してみたらできたよ」「休み時間に考えていたら、いいこと思いついたの」。放課後や休み時間など、授業と授業の間も思考している姿に出会うことがよくあります。Aくんは、立体「おうちにかえろ。」で、自分の思い描く理想の部屋をつくっているときに、このように思考を巡らせました。

> 6月19日（日）「窓をどう表現したらいいか」
> 　今日は、窓について考えました。内側の窓は「窓の外に見える景色」を描き始めていますが、外側の窓はまだ手がつけられていません。家の家具がまだ完成していないので、窓からどの家具がどのくらい見えるか確定していないからです。でも、今日発見したのです。庭の窓から家の中を見ると、家の中の家具は見えず、外の景色が反射し

て映っていたのです。今表している理想の家は「森の中」だから、窓に木を描いたらいいのだとひらめきました。うまくいきそうです。

　彼は題材が終わる日まで毎日、自分の表現について日記を書き続けました。それは題材が自分事になり、イメージを実現しようと本気になれたからでしょう。

　結果、彼は本当に満足いく作品に仕上げることができたのです。材料を一律にし、つくり方を教えて一斉に指導していたら、起こり得ないことでした。子どもの中で起こっていることに目を向けると、子どもの思考が見えてきます。すると、指導が変わり、授業が変わってくるのです。

● 子どもの声に耳を傾ける

　子どもは日々、様々なことを感じ、考えています。それを発信できる場を設けると、子どもは語り出し、子ども同士紡いでいくことができます。認め合える学級風土が「安心」を生み、「学び合い」を支えます。

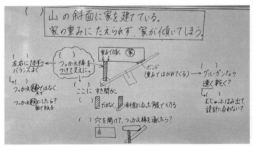

　自分の表現について悩んでいることや迷っていることを、相談できる時間を取ると、上の写真のように「こうしたらうまくいくかも」「こんな解決方法もあるんじゃないかな」と友達の悩みを自分事にして一生懸命考え、考え合っている瞬間に出会えるのです。

　子どもだから感じられること、子どもの今だからこそ必要な経験があります。子どもの姿に目を向けると、子どもが愛おしくなり、学校がもっともっと好きになるはずです。

第4章

解説編

「子どもから学ぶ」とはどういうことか
―「評価」的な眼差しを超えて―

1. 教師にとって「見える」ということの意味

　「教育とか授業とかにおいては、『見える』ということは、ある意味では『すべてだ』といってもよいくらいである。それは、『見える』ということは、教師としての経験と理論の蓄積された結果の力だからである。一人一人の子どもの反応を深くみつめ、それに対応することのできる教師としての基本的な能力だからである」（斎藤 1969, 172 頁）。これは、授業や教育という営みの可能性を実際の子どもの姿で示し、日本の教育実践に大きな影響を与えた実践家・斎藤喜博の言葉です。「見える」ということの重要性は、専門職一般に共通します。経験の浅い初心者と熟達者とのちがいは、同じものや事例を見たときに見えているもののちがいとして表れます。例えば、経験の浅い医者は目につく部分ばかりに目が行きがちですが、ベテランの医者は些細な兆候を見逃さないといった具合です。スポーツの解説にしても、プロはこう見るのかとその着眼点にすごさを感じることはよくあるでしょう。

　教師としての成長とは、詰まるところ、子どもの学びが、そして、まるごとの子どもが「見える」ようになることと言えます。子どもの表情の変化や首をかしげるようなしぐさなどから子どもの理解度をつかんだり、授業中の子どものかすかなつぶやきやつまずきの奥にある子どもなりの思考をキャッチして反応したり、うつむき加減の目線や声の張りや周りとの距離感などの些細な兆候からその日の子どもの心理状況を感じ取ったり、子

どもたちの持ち物や言葉遣いや発言内容の傾向などから子どもたちが背負っている生活や社会を洞察したりと、教師は子どもたちとともに授業を進めながら、また学校生活を送りながら、いろいろなことが自ずと「見える」し、見ようともしています（「見取り」）。

　さらに言えば、子どもが「見える」とは、実際に子どもと向き合いながら様々なことをキャッチしたり理解したり推察したりするだけでなく、実践の計画段階でリアルに子どもたちの学びや授業の展開が想像できるようになることも含みます。例えば、米国の教師教育研究者のショーマン（Shulman. L. S）は、教師の専門性の発達において、教科内容に関する専門知識にも、子どもの学習や発達に関する専門知識にも解消されない、両者を統合し、子どもがどう学ぶかという視点から教科内容の意味や価値を捉え直した知識（「教えることを想定した教科内容に関する知識（pedagogical content knowledge: PCK）」）が重要であることを示しました（八田2011）。教師としての成長の中核的な部分は、教科の内容についての正しい理解や深い教養があるだけでなく、それぞれの内容を学ぶ際に子どもたちがどう思考し、どこでどうつまずくかの予測やイメージが具体的で確かなものになっていくこと、いわば学び手の目線で教育活動の全過程を眺められるようになり教育的想像力が豊かになることなのです。例えば、目標（教師の意図）は評価（子どもが何を学びとるか）と一体的に、板書（教師が伝えたいもの）はノート（子どもの手元に残るもの）と一体的に捉えて構想することが重要です。授業づくりに関わらず、ここに目を向けさせたら、これとこれをつないだら、ここを取り上げて掘り下げたら子どもたちは活気づくし何かが生まれそうだといった具合に、何かを仕掛けたり、あるいは逆にここは待ちの姿勢だといった判断や勘が働く上で、教育的想像力の育ちがものを言うのです。

2. 教師の学びと成長のメカニズムを解剖する

（1）教師の学びと成長における「省察」の意味

　教師の仕事は、人間としての核となる部分の成熟、教職に関する観や信念の深みと不可分で、その立ち姿一つにそういった人間性がにじみ出てくるものです。ゆえに、子どもに目的意識的に働きかけて学びや育ちを実現しようとする教師の仕事は、確かに技術的な性格をもちますが、それはモノづくりのように手法をたくさん知っていて、それを当てはめればうまくいくというものではありません。目の前の子どもや教室の状況に応じて、その場その場で適切に対応したり、どう働きかけるかを判断したり、さりげなく配慮したりする、感性的な敏感さや思慮深い判断力が教師の力量の中核です。言うまでもなく、子どもが「見える」ことは、こうした教師の中核的力量の基盤にあるものです。

　そして、教職のキャリア形成という長いスパンで見たとき、教師は、さまざまな困難に直面するたびに、自らの責任において判断・決断する経験を重ね、自らの教職アイデンティティを問い直すことで成長していきます。例えば、多くの教師たちの教職人生（ライフコース）を聞き取ってまとめられた、山﨑準二（2002）の研究によれば、教師の発達や成長とは、一定の想定された理想像に向けて何かを獲得していくような、単調右肩上がり積み上げ型の垂直的な発達モデルではなく、選択的変容型の水平的な発達モデルであるとされます。すなわち、教育実践における様々な子どもや出来事との出会い、学校内外の優れた先輩や指導者との出会い、自分にとって意味ある学校への赴任、職務上の役割の変化、出産・育児や家族の介護等の私的な経験などの転機において、古い衣を脱いでちがう衣を新たに選び取ってまとうように、それまでの子ども観、授業観、教職像などを再構成・変容させていくというのです。特に、忘れられない子どもや子どもたちとの出会い、また、その出会いや葛藤をめぐっての同僚からのフォローや忘れられない言葉等に導かれながら、教師は学び成長を遂げていくわけです。

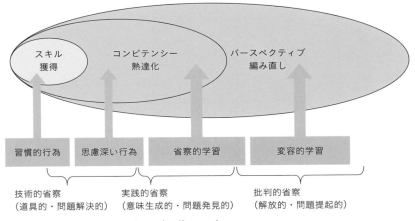

図. 教師の成長の三つの次元（石井 2021）

　そもそも専門職一般の学び、あるいは大人の学び一般においても、右肩上がりに知識やスキルなどを獲得していく過程以上に、経験を契機に物事を捉える枠組みが問い直され、時には過去の自分の殻を破ったり学び捨てたりして、視野や視座や風景（パースペクティブ）、あるいは自分らしさ（アイデンティティ）が編み直されていく過程（「学びほぐし（unlearn）」）の重要性が指摘されています。教師も含め、人は無意識のうちに、日々経験を学習資源としながら、知識や知恵を獲得したり、行動や判断のレパートリーを増やしたりしています（熟達化）。そうした熟達化は、考えることなく無意識的に自然に自在にできることの幅を広げ（自動化）、実践に余裕を与えたり、真に考えるべきところに意識を集中することを可能にしたりしますが、他方で、知らず知らずのうちに、自分の枠組みや当たり前の見方を強化していっています。過剰学習により、頭が固くなっているのです。しかし、これまでに出会ったことのない子どもや出来事との出会いやうまくいかない失敗をはじめ、転機になる経験は、時に枠組みやパースペクティブに変容を迫ります。自分の勝ちパターンのようなものやこだわりや価値規範や信念、さらにはアイデンティティがゆさぶられる経験は、痛みを伴います。深く学ぶこと、「自己変革」は、違和感や痛みを引き受け、その先にもたらされるものなのです。

そうして、経験を学びの機会とすること、経験から学び上手であるために、「省察（reflection）」を意識することが重要だとされています。すなわち、経験の過程で反省的に思考を働かせたり、経験を振り返り見直したりすることで、経験からの無自覚な学びを意識化してより効果的な学びを実現することに止まらず、違和感や引っかかりもなく流れていく日常で立ち止まり、経験の意味、さらには、経験の捉え方を規定している枠組みに気づき、自らの学びの機会としていくわけです。

（2）教師の学びと成長を促す視点と本書の読み方

　図のように、教師の学びや成長は、個別のノウハウや技能（skill）の獲得（acquisition）という短期的に成果の見える表層的な部分のみならず、判断力や技量（competency）の熟達化（expertise）、さらには観やパースペクティブやアイデンティティ（belief, value, and perspective）の編み直し（unlearn）といった長期的で根本的で深層的な部分も含んで、重層的に捉えられます。そしてそれは、省察を伴った経験学習を中軸としながら展開していくわけです。

　教師としての学びと成長の中心的なプロセスである「省察」について、ショーン（Schön, D. A., 2007）らは、シングル・ループ学習として展開されるか、ダブル・ループ学習として展開されるかが重要だと言います。例えば、サーモスタットは、温度が高すぎたり低すぎたりすると、それを感知して設定した温度に調節します。これがシングル・ループ学習です。これに対して、設定温度自体が本当に適切なのか、さらに、快適さと節電のどちらを優先するかという前提価値をも問い、作動プログラムや基本方針自体を見直すのが、ダブル・ループ学習です。

　校内研修でいえば、授業での子どもの学習の評価や次の授業での改善の手立てに関する議論（PDCA・問題解決：シングル・ループの省察）に止まることなく、目標や評価の妥当性自体も検討対象とし、教育活動の構想・実施のあり方や子どもの学習過程に関する理解をも深める議論（知識創造：ダブル・ループの省察）となることが重要なのです。さらに、ヴァンマーネン（Van Manen, M.）をはじめ、教師教育研究における「省察」の深さの分類をふまえると（千々布 2021）、スキルの獲得は、「いかにで

きたか（how）」を問う「技術的省察」によって、コンピテンシーの熟達化は、「なぜこの方法か（why）」を問う「実践的省察」によって、そして、パースペクティブの編み直しは、「何のために」「誰のために」を問う「批判的省察」によってもたらされると言えます。

　すぐれた判断を支える実践知の多くは、論理的に明晰には言語化されにくく、具体的なエピソードや、それに伴う感覚や意味づけという形で、暗黙知（感覚的で無意識的な知）として、実践者個人や実践者の間で蓄積されています。こうした、実践共同体に蓄積されている実践知は、あこがれの教師のように日々思考したり、同僚と授業や子どものことについて対話したり、実践記録を読んだり書いたりするなど、生のエピソードや事例（ナラティブ）を介した風景の共有や判断過程の追体験を通して学ばれていきます。校内研修としての授業研究、あるいは、研究サークル等で実践記録を持ち寄って共有・検討するような、教師の協働的な実践研究の文化は、省察を効果的に深める「事例研究（ケースメソッド）」として捉えることができます（若松 2021）。

　本書は目次だけ見れば、スキルや原則を提示するもののようにも見えますが、具体的な子どもとの出会いを通じた省察の過程（ナラティブ）を、技術的省察に止まらず、執筆者自身の観のゆさぶりに至った実践的・批判的省察の過程も含んで、そのポイントを構造化して記述した事例集と捉えることができます。子どもとの出会いに始まる出来事において実践者が経験した風景自体は複雑なものですが、それをある程度構造化してシンプルに示すことで、若い先生方も理解しやすくなっていると思います。一方で、記述されていることはあくまで経験の骨組みであって、実際の経験は、本来行ったり来たりで、それが本当に成長かも実際のところ不確かな、直線的に進むものではないどろどろしたものです。「こういうことはあるある」といった具合に、自らが直面している類似の問題状況や子どもの姿や試行錯誤の経験等と重ねながら共感的に、事例の結論以上に追体験の過程自体を大事にしながら、そして、実際の複雑な実践風景を想像しながら、語られぬ前提や背景もあるのではないかと推察しながら文脈的に読むことが大事でしょう。

3.「子どもから学べる」教師になるために

（1）目標と評価に注目して子どもを見取る眼の解像度を上げる

　「子どもから学ぶ」とは、実践経験の省察を通して子どもが「見える」ようになっていく過程と考えることができます。その際、本書の理論編で示されているように、目標（目指す子どもの姿の吟味）と評価（子どもの言動の実状の把握）に注目することは、意識的に目を凝らして子どもを「見る」ための仕掛けとして有効でしょう。教師の学びや成長を考える上で、事後検討会等により実践経験を見直す省察の重要性は指摘されてきました。他方で、教育的想像力を磨くような事前準備のあり方を心掛けることも重要です。例えば、日々の授業で、「目標と評価の一体化」を意識するとよいでしょう。すなわち、教材の本質を探りメインターゲットを絞り込み、その目標について、出口の子どもの姿でイメージする。さらに実践後に、結局子どもが何をどう学んだのかを吟味し、事前の教師の想定（仮説としての目標）自体の妥当性を検証・吟味するわけです。こうした「目標と評価の一体化」のプロセスは、そのサイクルを繰り返すほどに、教科の本質的な内容を子どもがどう認識するかを教師が学び深めていくことにつながるでしょう（石井 2020）。

　授業とは、子どもが「材（教材や主題や学習材や問題）」と出会い、それと対話・格闘する過程を組織化することを通して、素朴な認識や生活をより文化的に洗練されたものへと組み替えていく過程です。ゆえに、授業を創ったり検討したりする際には、子ども、教材、指導法の三つの視点で考えていくことになります。授業後の協議会において、指導法よりも子どもの事実を話題とすることの重要性は指摘されてきました。指導法から始めると授業者の批評に終始しがちで、授業者は授業を公開したくなくなるし、参加者の学びも少ない。授業者ではなく授業を対象化し、事実をもとに学び合うためにも、子どもの学びの事実を丁寧に検討することから始めるべきというわけです。加えて、近年、指導案において、教材観と子ども観が消失あるいは形骸化し、指導観のウェイトが肥大化してはいないで

しょうか。「『分数』とは、……である」といった教材主語で教材観を書けているでしょうか。逆に、子ども観も、目の前の子ども一人ひとりや学級の具体的な育ちをふまえて、教材に即したつまずきもイメージしながら書けているでしょうか。目の前の子どもの認識や生活の現状はどのようなもので、それがこの教材と向き合い学んだ先にどう変容するのかという学びの具体を議論できているでしょうか。

　真に子ども主体の学びは、子どもを動かす手法で教師が授業をすることによってはもたらされません。子どもと教材、この二つへの理解が深まることなくして、長期的に見て教師としての成長は望めません。教材主語で教材理解を深めつつ、子ども主語で授業における学びと成長をイメージすることが肝要です。何より、授業に先立つ教材研究や授業過程で教師自身が一人の学び手として学んでいてこそ、子どもと学び、子どもを育て、育ちゆく子どもの姿から学ぶことができるのです。

（2）「評価」的な眼差しを超えて「子どもから学ぶ」ために

　子どもが「見える」ようになる上で、目標と評価に注目しながら意識的に「見る」ことが大事である一方で、省察について、PDCA サイクルを回すといった具合に、子どもを評価し実践を改善することとして狭く捉えてはなりません。「評価」とは、教育という目標追求活動における部分活動であり、教育の過程、条件、成果などに関する様々な情報を収集し、それを目標に照らして価値づけを行い、教育活動の調整・改善を行う活動と定義することができます。公教育としての学校には、意識的に「見る」べきもの（保障すべき目標）があり、教える側の責務を果たすために、すべての子どもたちについて取り立てて学力・学習の実際を把握したいとき、その方法を工夫するところに「評価」を意識することの意味があります。「評価」というと、「見える」こと（「見取り」）や省察も含めて子ども理解一般のように捉えられることもありますが、「評価」という言葉で、「見取り」「評価」「評定」（判定のための成績づけ）が混同されていることが、「評価」をすればするほど疲弊し、授業改善から遠ざかるという状況を生み出してきました（石井 2022b）[1]。

　先述のように、「省察」とは、目標達成に向けた直接的な実践改善に関

わるもの（遂行的営み）にとどまらず、子どもや実践の理解を通した実践者の成長や変容を主目的として、間接的に実践改善をめざすもの（遂行中断的営み）です。他方、数値化に限らず子どもの姿で質的に記述する場合でも、目的合理性を追求する「評価」という営みにおいては、子どもの実状を客体として把握しようとする技術的なまなざしから逃れることは困難です。

　研究者としての意識をもつことは、目標にとらわれることなく、事実を事実として客観視することに役立ち、直接的な目標達成に向けた技術性から自由になり、より深い省察につなげることができるかもしれません。しかし、「評価」行為に矮小化されることなく子どもが「見える」ようになるというときに、あるいは、「子どもから学ぶ」というときには、把握する対象としてではなく、ともに経験を共有し語らい対話する他者として子どもと心を通わせる情動的な出会いと関係性を大切にする視点も重要です。

　意識的に目を凝らして「見る」ことは教師修行においては不可欠ですが、他方で、ただ目の前の子どもたちに関心をもって心を砕き、うなずき合い、信頼関係を構築していくことで、自ずと「見える」ようにもなる部分もあります。ある教師は、「教師はずっと子どもに片思いなんです」と表現し、別の教師は、「評価すればするほど子どもが好きになるような評価であるべきだ」と表現しているように、子どもの把握や理解の深さは、他者としての子どもへの関心や相互に関わろうとする意志の上に成立するのです。

　さらに、教師が子どもを客体的に把握して、あるいは子どもとの経験を

---

1 「評定」のイメージが強いために、「評価」というと、テストで点数をつけて判定するという、日々の授業実践と切れた業務と捉えられがちである。逆に、「見取り」と「評価」・「評定」とを混同して「指導と評価の一体化」を捉えてしまうことで、授業過程の教師と子どもの応答的なコミュニケーションで自然に捉えられている（見えている）ものを、「評価」だから客観性がないといけないと必要以上に記録（証拠集め）をしてみたり、評定のまなざしを持ち込んだりして、日々の授業において教師が評価のためのデータ取りや学習状況の点検に追われる事態も生じている（「指導の評価化」の問題）。

省察して教師の学びの糧とするという関係性を超えて、真に「子どもから学ぶ」ためには、教師と子どもの二項関係ではなく、材（対象世界）を介した教師と子どもたちとの三項関係（「共同注視」関係）を意識するとよいでしょう。授業という営み、そもそも教育や学びを支援する営みは、教師と子ども、子どもと子どもの一般的なコミュニケーションではなく、材を介した教師と子ども、あるいは子ども同士のコミュニケーションです。学習者中心か教師中心か、教師が教えるか教えることを控えて学習者に任せるかといった二項対立の議論は、この授業という営みの本質的特徴を見落としています。授業という営みの本質的特徴をふまえるなら、子どもたちがまなざしを共有しつつ材と深く対話し、教科の世界に没入していく学び（その瞬間自ずと教師は子どもたちの視野や意識から消えたような状況になっている）が実現できているかを第一に吟味すべきです。教師主導は教師を忖度する授業に、学習者主体は材に向き合わない授業になりがちです。教師主導でも学習者主体でも、子どもを引き込み、成長を保障する授業は、材を介して教師と子ども、子ども同士が向かい合い、ともに材に挑む三角形の「共同注視」の関係性（カウンターに横並びのような関係性）になっています（石井 2022a）。

　子どもが「見える」とは、まずは、子どもの眼差しの先に見えている風景が見えるということであり、子どもが材や問題などとどんな思いをもって、どう向き合っているのかが共感的に見えるということです。学習でつまずいている子どもについては、その子は問題のどこが難しいと思っていて、その子なりにどう問題を捉えていて、どう考えようとしているから難しくなっているのかといった具合に、同じ問題をともに見ながらさりげなく伴走し、困難を克服した喜びをともに共有する。けんかした子に素直に謝れずに困っている子がいたら、悩んでいるその子だけを見るのではなく、謝る対象の子どもの気持ちや状況等を、悩んでいるその子とともに考えて一緒に悩む。こうした共同注視関係の先に、子どもの学びと成長は促進され、子どもと教師との間に心の通った信頼関係が積み上がっていきます。また、同じ問いや課題を共に考えることで、子どもなりの見方や考え方から教えられることもあるでしょうし、教師の寄り添いという足場を外して自ら対象世界に向き合っていく子どもたちの姿を見守りながら、子ど

もの可能性や学ぶということの本質などについて改めて気づくこともあるでしょう。

引用・参考文献

アージリス，C. 2007「『ダブル・ループ学習』とは何か」DIAMOND ハーバード・ビジネス・レビュー編集部編訳『組織能力の経営論』ダイヤモンド社。

秋田喜代美 1996「教師教育における『省察』概念の展開」森田尚人他編『教育学年報5　教育と市場』世織書房。

浅田匡・藤岡完治・生田孝至編 1998『成長する教師』金子書房。

石井英真編 2017『アクティブ・ラーニングを超えていく「研究する」教師へ』日本標準。

石井英真 2020『授業づくりの深め方』ミネルヴァ書房。

石井英真 2021「失敗を成長につなげるために―教師の学びと成長のメカニズム」石井英真監修・宍戸寛昌・長瀬拓也編『失敗から学ぶ』東洋館出版社。

石井英真・河田祥司 2022『GIGA スクールのなかで教育の本質を問う』日本標準。

石井英真 2022a「「真正の学び」でコンピテンシーを育て、受験学力にもつなげるために」同編著『高等学校　真正（ほんもの）の学び、授業の深み』学事出版。

石井英真 2022b『中学校・高等学校　授業が変わる学習評価深化論』図書文化。

鹿毛雅治 2007『子どもの姿に学ぶ教師』教育出版。

金井壽宏・楠見孝編 2012『実践知―エキスパートの知性』有斐閣。

斎藤喜博 1969『教育学のすすめ』筑摩書房。

ショーン，D. A.（柳沢昌一・三輪健二監訳）2007『省察的実践とは何か』鳳書房。

千々布敏弥 2021『先生たちのリフレクション』教育開発研究所。

八田幸恵 2011「カリキュラム研究と教師教育―アメリカにおける PCK 研究の展開」岩田康之・三石初雄編『現代の教育改革と教師』東京学芸大学出版会。

藤岡完治 2000『関わることへの意志』国土社。

山﨑準二 2002『教師のライフコース研究』創風社。

若松大輔 2021「コミュニティにおける教師の学びに関する考察―リー・ショーマンの理論的構想に着目して」『日本教師教育学会年報』第 30 号。

あとがき

　「子どもが真ん中」「子どもを丸ごととらえる」といった言葉は、前向きな学校の姿勢をイメージさせるためか、教育目標やスローガンといった大きなテーマでよく使われます。残念ながら学校生活ではテストの点数や生徒指導のしやすさ、発達特性の有無など、こちらの都合で細かく切り分けて子どもを捉えることがほとんどなのです。しかし、そういった細かい要素の羅列だけで、あの生き生きとした子どもの姿を、瑞々しい心の動きを説明できるでしょうか。「世界は分けないことにはわからない。しかし、世界は分けてもわからないのである」とは福岡伸一先生の言葉ですが、我々が子どもを何とか理解しようと多種多様な観点で切り取り、前のめりに近づけば近づくほど、むしろその本質は見えなくなるのかもしれません。

　この本には、子どもを教師側のフレームに当てはめよう、近くから丁寧に見ようと思い過ぎたが故の悩みや戸惑いが数多く紹介されています。だからこそ、その失敗経験から新たな気づきを得る姿からは「子どもから学ぶ」ことの本質が見えてくるのです。豊かな水を受け止める両手のごとく、針の落ちる音も逃すまいと耳に当てる手のごとく、子どもから学んだ後の先生たちには、自然と柔らかく包み込む構えが生まれています。この誠実に、真摯に子どもに向かう姿勢こそが、子どもを丸ごと捉え、子どもから学び続ける教師となる前提条件なのでしょう。

　皆さんが今日出会ったあの子の姿が、自分の指導を省みる視点につながり、明日の子どもの成長へ還元されることを心から祈りつつ。

執筆者代表　　宍戸　寛昌

執筆者一覧

■監修
石井英真
京都大学大学院教育学研究科准教授

■編著者
宍戸寛昌
立命館中学校・高等学校

長瀬拓也
同志社小学校、京都女子大学（非常勤講師）

■執筆者
谷口陽一
岐阜県教育委員会飛騨教育事務所

江越喜代竹
千葉県公立小学校

江藤真代
常翔啓光学園中学校・高等学校

岡本美穂
大阪府公立小学校

近藤佳織
新潟県小千谷市立小千谷小学校

友田真
広島県公立小学校

松井恵子
兵庫県公立小学校

松森靖行
大阪府高槻市立清水小学校

安野雄一
大阪市立東三国小学校

山本純人
埼玉県立特別支援学校坂戸ろう学園

若松俊介
京都教育大学附属桃山小学校

子どもから学ぶ　教師の見取りの解像度を上げる

2023（令和5）年3月14日　初版第1刷発行

監　修　石井英真
編著者　宍戸寛昌　長瀬拓也
著　者　谷口陽一　江越喜代竹　江藤真代　岡本美穂　近藤佳織
　　　　友田真　松井恵子　松森靖行　安野雄一　山本純人　若松俊介
発行者　錦織圭之介
発行所　株式会社 東洋館出版社
　　　　〒101-0054　東京都千代田区神田錦町2丁目9番1号
　　　　　　　　　　　　　　　　　　コンフォール安田ビル2階
　　　　代　表　電話03-6778-4343　FAX03-5281-8091
　　　　営業部　電話03-6778-7278　FAX03-5281-8092
　　　　振　替　00180-7-96823
　　　　U R L　https://www.toyokan.co.jp

装丁デザイン：三森健太
イラスト　　：SMILES FACTORY
本文デザイン・印刷・製本：藤原印刷株式会社

ISBN978-4-491-04919-9　/　Printed in Japan